有氧操

全民健身项目指导用书

李宏权　马越◎主编

吉林出版集团股份有限公司　全国百佳图书出版单位

图书在版编目（CIP）数据

有氧操 / 李宏权，马越主编. -- 2 版. -- 长春：
吉林出版集团股份有限公司，2010.2(2024.8重印)
全民健身项目指导用书
ISBN 978-7-5463-2402-9

Ⅰ. ①有… Ⅱ. ①李… ②马… Ⅲ. ①健身运动－基本知识 Ⅳ. ①G883

中国版本图书馆 CIP 数据核字(2010)第 028396 号

全民健身项目指导用书

有氧操

YOUYANGCAO

主　　编　李宏权　马　越
责任编辑　黄　群　杜　琳
封面设计　吕宜昌
开　　本　650mm×960mm　1/16
印　　张　8
字　　数　60 千
版　　次　2010 年 2 月第 2 版
印　　次　2024 年 8 月第 4 次印刷

出版发行　吉林出版集团股份有限公司
地　　址　吉林省长春市福祉大路 5788 号
邮　　编　130000
电　　话　0431-81629968
电子邮箱　11915286@qq.com
印　　刷　三河市金兆印刷装订有限公司

书　　号　ISBN 978-7-5463-2402-9　　定　　价　39.80 元

序言

自1995年我国政府推出《全民健身计划纲要》以来，我国群众性体育活动蓬勃发展，取得了显著的成绩。2008年，举世瞩目的北京奥运会的成功举办，极大地激发了亿万人民群众的体育热情，增强了全社会的体育意识，营造了浓厚的全民健身氛围。面对这样的可喜局面，群众体育科研、教学工作者应义不容辞地为社会实践服务，从不同角度思考，如何使普通百姓通过简而易行的身体锻炼方式、方法和手段达到良好的健身效果，达到拥有健康的目标，从而享受生活、享受快乐人生。该书系就是在这样的思想指导下诞生的。

本书系能够顺应国家体育的大政方针，掌握时代脉搏，对指导大众健身，使大众掌握健身方法和手段有很好的促进作用。

本书系图文并茂，实用性强，分为球类运动、体操健身运动、传统武术、冰雪运动、水上运动、体育舞蹈、休闲运动、格斗运动、民间体育活动和极限运动等十大类项目，计100分册，按照统一的体例，力争有所创新。每册的具体内容为该项目的起源与发展、运动保健、基本技术、运动技巧、比赛规则等，使读者在学习过程中，不仅能够学会运动健身的方法，同时还能够学到保健方面的基本知识。

经国务院批准，自 2009 年起，将每年的 8 月 8 日定为“全民健身日”。《全民健身项目指导用书》的出版，必将为开展全民健身活动起到积极的推动和指导作用。

目录 CONTENTS

目录 CONTENTS

第一章 概述

有氧操是具有“有氧运动”特点的健身操，即在音乐的伴奏下，能够锻炼全身的健身运动，要求必须连续运动12分钟以上，又称有氧健身操。

第一节 起源与发展

有氧操是健美操的一个分支，它是在有氧运动的基础上发展起来的，近年来在世界范围内广为流行，尤其受到女性健身者的青睐。

起源

有氧操的起源可追溯到两千多年前。古希腊人对人体美的崇尚举世闻名，他们喜欢采用跑跳、投掷、柔软体操和健美舞蹈等各种体育项目进行人体美的锻炼。古代人对健身、健美的追求是现代有氧操形成与发展的基础。

20 世纪 60 年代，美国著名群众体育专家肯尼思·库珀博士提出了“有氧运动”的概念，并在 70 年代中叶，发表了《新有氧操》和《有氧体操有益于大众》等著作，使有氧操开始进入人们的视线。

发展

近几十年来，随着健身热遍及全球，有氧操也开始风靡世界，成为 20 世纪 90 年代继跑步热之后的又一个热点运动项目。

传播

在日本、菲律宾、新加坡和香港等亚洲国家和地区，有氧操十分流行。菲律宾妇女经常参加爵士有氧操班，以跳舞的方式消除躯体积存的多余脂肪。新加坡的有氧操热也风靡一时。香港有一些体育工作者以教授有氧操为职业，各地的健美中心也五花八门，每天到健美中心参加有氧锻炼的人络绎不绝。

近年来，我国不仅接受了欧美健美操的模式，而且把传统的气功、武术和民间舞蹈等与有氧操融为一体，创造了具有中国特色的有氧操。

现在，有氧操已成为健身房里最受欢迎的健身操锻炼项目之一，因为它的动作编排比一般的健身操要丰富得多，可通过锻炼保持精神舒畅、精力充沛，对减肥、塑形的针对性也很强。

发展趋势

有氧操的活动时间长，强度适中，能有效控制体重，提高练习者各种身体素质，而且有氧操对场地的要求不高，随时随地都可以开展，对人体的心肺功能、耐力水平的提高都有很大的促进作用。随着我国经济的持续发展，人民生活水平的不断提高，健康已成为人们追求高质量生活最关心的问题，尤其是在我国全民健身计划实施以来，越来越多的人参与到了体育运动中来，有氧操运动已经成为人们生活中不可缺少的组成部分。

第二节 场地和装备

有氧操运动对场地和装备的要求并不高，但是高质量的场地是运动开展的前提，而良好的装备则是练习者发挥较高水平的必要保证。

场地

一般情况下，有氧操可以在普通场地进行，但是高水平的训练则应该在健身馆中进行，以保证运动的舒畅，避免运动损伤的发生。

普通场地

规格

普通场地一般包括平坦、干净的水泥地，混凝土地以及沥青地等。

要求

场地应空旷、通风，避免过硬、不平整，这有利于练习者的身体健康，避免运动损伤的发生。

健身馆

见图 1-2-1

规格

健身馆要保持干净，地面最好是专业地板。

设施

健身馆内一定要有镜子，这样练习者可在镜前练习并及时纠正自己的错误动作。动作和表现力较好的练习者还可在镜前一边练习一边欣赏自己优美的动作。

要求

（1）健身馆内的光线必须充足并且通风条件良好；

（2）地面应经常打扫并保持整洁，这对练习者的健康是十分重要的。

图 1-2-1

装备

练习有氧操的装备很重要，要穿着合适的服装和鞋。另外运动袜、运动毛巾和束发带也是不可或缺的装备。

服装 见图 1–2–2

款式

（1）在健身馆中练习时，上衣可以穿春夏季的短袖 T 恤、吊带背心、短袖衫等，以宽松随意为原则；

（2）裤子以舒适为主，弹力短裤及长裤都是不错的选择。

要求

（1）由于有氧操的运动量较大，练习者的体温上升较快，排汗量较多，应选择吸汗效果好的训练服；

（2）有氧操的动作幅度较大，应选择弹性较好的运动衣裤；

（3）如参加正规比赛，服装应统一，自然大方。

图 1–2–2

鞋 见图 1-2-3

由于有氧操的运动量较大，所以鞋子的防震性很重要，最好选择多功能运动鞋，即鞋子的前掌和后掌都有气垫，以减缓上下跳跃对关节的冲击。否则脚上受到的冲击力转移到坐骨和下脊椎处，很有可能引起运动损伤。健身鞋应有较厚的护垫，鞋身不宜太软，可采用半高筒式，以保护脚踝部。

图 1-2-3

袜子 见图 1-2-4

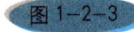

袜子最好是透气的棉质袜，不要选择摸上去光滑，实际不吸汗的尼龙袜。

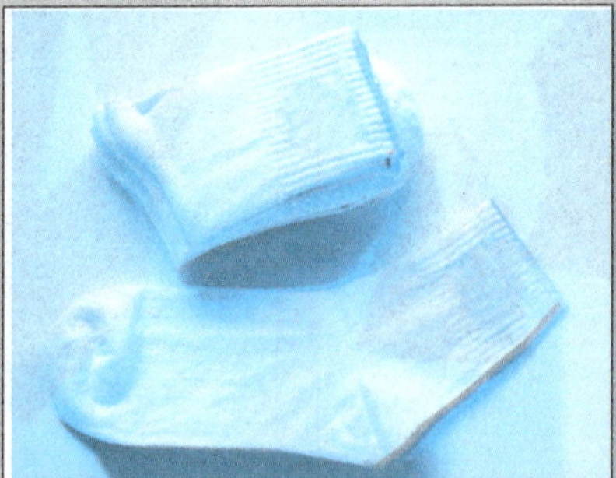

图 1-2-4

运动毛巾

见图 1-2-5

有氧操的运动量大，因此应选择质地柔软、吸汗的棉质运动毛巾。

图 1-2-5

束发带

见图 1-2-6

束发带不仅能够帮助练习者固定好自己的头发，不让头发遮挡视线，还能够吸走汗水，使自身形象更完美。

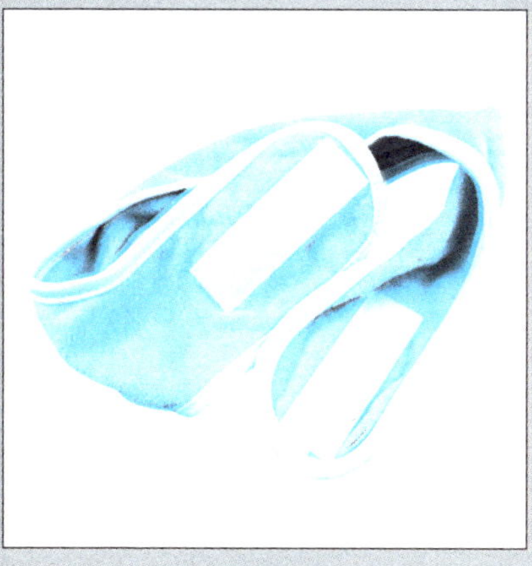

图 1-2-6

第二章 运动保健

体育运动对增强体质、预防疾病和促进健康具有良好的作用。但是，并非所有人从事相同的运动都会达到同样的效果。对于同一种运动负荷，不同人机体的反应差异是很大的，即使同一个体，在不同时期、不同机能状态下，对同一负荷的反应及效果也是不一样的。因此，对于不同个体，应制定适合其机能需要的运动强度、时间、频率和持续周期。从事体育锻炼一定要讲究科学性，使机体最大限度地获得运动价值，使某些疾病得到有效的防治。

第一节
自我身体评价

自我身体评价是指根据个体的不同情况以及简单的功能评定标准，对锻炼者进行身体评价，并以此为依据，确定具体的锻炼内容。

适宜人群

体适能是全身适应性的一部分，是人体精神和体力对现代生活的适应能力。为了促进健康，预防疾病，提高生活质量和工作学习效率，几乎所有人都可以追求健康体适能，而且经过简单的评价和测试，均可以成为目标人群，即适宜人群。

健康体适能评价标准

健康体适能是指身体有足够的活力和精力处理日常事务，而不会感到过度疲劳，并且还有足够的精力去享受休闲活动和应对突发事件。

健康体适能是确定锻炼者是否为运动适宜人群的主要依据。目前的评价标准主要包括国民体质测定标准、学生体质测定标准和普通人群体育锻炼标准等。

国民体质测定标准主要包括形态指标、机能指标和素质指标 3 个部分，各项指标的测定结果均为 1～5 分，共 5 个级别。凡各项指标达不到 4 分或 5 分者，均应被纳入健身人群。

学生体质测定标准分为优秀、良好、及格和不及格 4 个级别。优秀水平以下者，均应被纳入健身人群。

普通人群体育锻炼标准分为 5 个级别，凡达不到 4 分或 5 分者，均应被纳入健身人群。

简易运动功能评定

简易运动功能评定的目的在于确定锻炼者有无运动禁忌症或临时运动禁忌的情况，即是否适合参加体育锻炼，以达到防备万一、避免意外事故发生的目的。目前通行的方式为 3 分钟踏台阶测试。

目的

测试锻炼者运动后心率恢复的情况，以评估其心肺功能。

器材

见图 2-1-1

30 厘米高的长凳、节拍器、秒表和时钟。

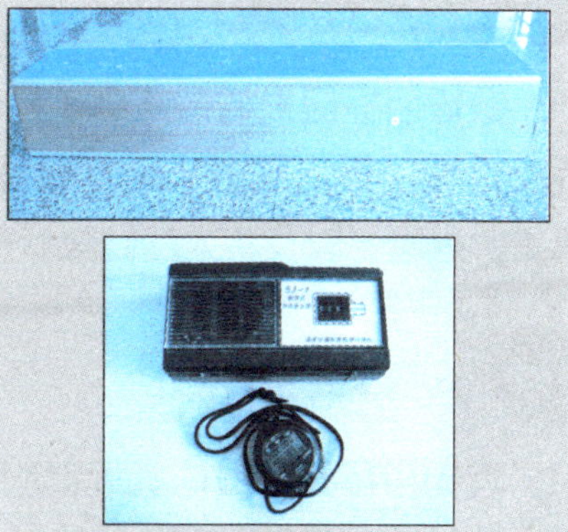

图 2-1-1

步骤

见表 2-1-1

(1)节拍器设定为每分钟 96 次，锻炼者依“上上下下”的节拍运动 3 分钟。

(2)锻炼者完成 3 分钟踏台阶后，5 秒钟内开始测量其脉搏，时间为 1 分钟，记录其心率，并依据下表评价其功能水平。

(3)运动后心率越低，证明其心肺功能越好。在运动强度允许的范围内，锻炼者可选择运动强度的较高值来进行运动。

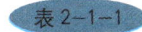

表 2-1-1 3 分钟踏台阶测试评价表

	年龄(岁)	欠佳(次)	尚可(次)	一般(次)	良好(次)	优异(次)
男士	18~25	>115	105~114	98~104	89~97	<88
	26~35	>117	107~116	98~106	89~97	<88
	36~45	>119	112~118	103~111	95~102	<94
	46~55	>122	116~121	104~115	97~103	<96
	56~65	>119	112~118	102~111	98~101	<97
	65+	>120	114~119	103~113	96~102	<95
女士	18~25	>125	117~124	107~116	98~106	<97
	26~35	>128	119~127	111~118	98~110	<97
	36~45	>128	118~127	110~117	102~109	<101
	46~55	>127	121~126	114~120	103~113	<102
	56~65	>128	118~127	112~117	104~111	<103
	65+	>128	122~127	115~121	101~114	<100

注意事项

如锻炼者经过努力仍无法达标，或出现头晕、胸闷、出冷汗等症状，应立即终止测试。运动中应特别考虑运动强度，以防止出现意外。

锻炼目标

锻炼目标应根据锻炼者不同的身体状况来确定，可分为近期目标和远期目标。此外，确定锻炼目标还应结合锻炼者的运动意向、愿望、兴趣，以及本人的健康状况、疾病程度等因素来进行。

近期目标

近期目标是指锻炼者近期应达到的目标。在进行运动之前，应首先明确锻炼目标，即近期目标。选择一两个健康体适能构成要素，作为未来两个月内努力完成的目标，而且应从成功概率较高的构成要素开始，并将预期两个月后要达到的目标做上记号，如提高某个或某些关节的活动幅度，增强某个肌肉群的力量等。

远期目标

远期目标是指锻炼者最终要达到的目标。实践证明，经过科学合理的锻炼后，锻炼者是可以达到一般的远期目标的，如提高心肺功能，使其达到优秀的等级，或达到降血脂、防治高血压和冠心病的目的等。

运动负荷

运动负荷即运动量。怎样控制运动量，合适的运动时间是多少等，一直是人们争论不休的问题。但有一点是可以肯定的，那就是任何有关身体活动的意见和建议，都需要综合考虑锻炼者的身体状况和所要达到的目标，并以此为依据来制订科学的身体锻炼计划。

运动强度

在运动过程中，运动强度过小，则无法达到锻炼的效果；运动强度过大，不仅达不到最佳的锻炼效果，还可能产生一些副作用，甚至出现意外事故。确定运动强度有两种方法，即心率简易推测法和主观感觉疲劳分级表推测法。

心率简易推测法

（1）年龄在 20 岁左右的年轻人，身体健康，能坚持体育锻炼，欲进一步提高身体机能，可取最大心率值（最大心率值 =220 – 年龄）的 65%～85%。

（2）年龄在 45 岁以下，身体基本健康，有运动习惯者，开始进行健身锻炼，可取最大心率值的 65%～80%，没有运动习惯者，开始进行健身锻炼，可取最大心率值的 60%～75%。

（3）年龄在 45 岁以上，身体基本健康，有运动习惯者，开始进行健身锻炼，可取最大心率值的 60%～75%，没有运动习惯者，建议根据自身情况咨询专业人员来指导和确定运动强度。

主观感觉疲劳分级表推测法

见表 2–1–2

运动的疲劳程度大致分为 10 级，具体为：0～1 级，没感觉；2～3 级，尚轻松；4～5 级，稍累；6～7 级，累；8～9 级，很累；10 级，精疲力竭。因此，健身锻炼的运动强度应控制在主观感觉疲劳程度的 4～7 级。

表 2–1–2　主观感觉疲劳分级表

0 没感觉	·	2 尚轻松	·	4 稍累	·	6 累	·	8 很累	·	10 精疲力竭

运动频率

运动频率是指每日及每周锻炼的次数。一般每周锻炼3～4次，即隔日锻炼1次即可。有充足的休息时间，可使机体得到充分的休息，收到更好的锻炼效果。

运动持续时间

运动强度和运动持续时间，决定了一次锻炼的运动量和热量消耗。运动持续时间与运动强度成反比，运动强度大，运动持续时间可相应缩短，运动强度小，则运动持续时间应相应延长。

一般的健身锻炼，运动持续时间以每天20～60分钟为宜，其中包括准备活动时间、健身锻炼时间和整理活动时间。每次健身锻炼应在20分钟以上，锻炼可一次性完成，也可分段进行，但每段的活动时间应在10分钟以上。

第二节 运动价值

运动价值是人们一直在探讨的问题。一般认为，运动具有两方面的价值，即健身价值和心理价值。身体和精神的健康是相互依存的，伴随着身体功能的改善，精神状况也能同时得到改善。

健身价值

健身价值在于提高体适能。体适能包括心肺耐力素质、肌肉力量素质、柔韧性素质和身体成分等。体适能的发展是积极从事锻炼的结果，只有规律性的体育锻炼才能达到最佳的体适能。

提高心肺耐力素质

心肺耐力是指全身肌肉进行长时间运动的持久能力，是体内心肺系统对身体各细胞的供氧能力。人体的心脏、肺、血管、血液等组织的功能是心肺耐力的基础，它们与氧气和营养物质的输送以及代谢物的清除有关。健全的心肺功能是健康的基本保证。

系统的体育锻炼，可以使心肌增厚，收缩力加强，心室容积增大，从而使心脏的泵血功能增强，表现为心血输出量增加。

系统的体育锻炼，呼吸系统机能也将得到提高，表现为呼吸肌的力量增强，肺活量、肺通气量明显增加，保证对机体供氧的能力。

系统的体育锻炼，可以促进血管系统的形态、机能和调节能力产生良好的适应力，从而提高机体的工作能力。

系统的体育锻炼，可以使血液系统产生某些适应性变化，如血容量增加、血黏度下降、红细胞膜弹性增强和红细胞变形能力增强等。

提高肌肉力量素质

肌肉力量是指肌肉最大收缩产生的对抗阻力或负荷的能力。肌肉力量只有达到一定的程度，才能克服外界阻力，而克服外界阻力是维持日常生活自理、从事各种劳动和运动的必要前提。

系统的体育锻炼，可以提高肌肉的生理横断面积，可以改善神经系统对肌肉收缩的支配功能，还可以提高肌肉内代谢物质的储备量，使肌肉力量得到提高。

提高柔韧性素质

柔韧性是指人体各关节的活动幅度，即关节的肌肉、肌腱和韧带等软组织的伸展能力。柔韧性对于保证正常生活质量、维持正常体态、预防损伤发生和减轻损伤程度等方面均起到至关重要的作用。

系统的体育锻炼，还可以延缓因年龄因素而导致的柔韧性下降，预防因缺乏运动而导致的关节结构、周围软组织和膝关节肌肉退化，从而使锻炼者的日常生活、劳动和运动等更加充满活力。

改善身体成分

身体成分是指人体体重中的脂肪组织和去脂组织的重量百分比。身体成分中的脂肪成分增加，肌肉成分必然下降。身体中不具备收缩功能的脂肪组织增加，必然导致身体进行各种活动的能力下降，基础代谢水平降低，肥胖症、冠心病、高血压、糖尿病、高血脂等慢性疾病发病率的提高。因此，身体成分是保证人体健康的重要内容之一。

通过系统的体育锻炼，随着锻炼者体质的增强，热量消耗便随之增加，进而燃烧掉体内多余的脂肪，使身体成分得到改善。而身体成分的改善，又可以减少体重对关节可能带来的不利影响，还可以使肥胖者的心理状况得到改善，增强其自信心，使其逐步建立起健康的生活方式。

心理价值

研究证明，有规律的体育锻炼不但可以使锻炼者增强体质、促进身体健康、预防一些慢性疾病，还可以提高锻炼者的生活满意度和生活质量，对其心理健康产生积极影响。

体育锻炼的心理健康效应主要表现在六个方面：

改善情绪状态

短期效应

研究发现，体育锻炼对人的情绪状态具有显著的短期效应。运动后人们的焦虑、抑郁、紧张和心理紊乱等症状会明显减轻，而精力和愉快程度则明显增强。而且这种情绪的迅速变化，与锻炼者个体的健康状况、活动形式和活动强度等有着直接的联系。

长期效应

体育锻炼对人情绪的长期效应有着直接的影响，与不锻炼者相比，有规律的锻炼者在较长时期内很少会产生焦虑、抑郁、紧张和心理紊乱等情绪。

完善个性行为特征

见表 2-2-1

人们的行为特征一般可以分为两种类型，用 A 型行为特征和 B 型行为特征来表示。A 型行为特征主要表现为性情急躁、争强好胜、容易激动、整天忙碌和做事效率高等。B 型行为特征主要表现为不好竞争、不易紧张、不赶时间、对人随和、喜欢自由自在等。具有 A 型行为特征的人由于过度紧张的情绪反应，会引起内分泌失调，增加心脏病发病的概率。目前的一些研究主要集中在体育锻炼对改变 A 型行为特征的作用方面。研究结果表明，有规律的体育锻炼能明显改变 A 型行为特征。

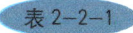

表 2-2-1 A、B 型个性行为特征常见表现

A 型行为特征者常见表现	B 型行为特征者常见表现
约会从来不迟到	对约会很随便
竞争意识很强	竞争意识不强
别人要讲话时总爱抢先或插话	是别人讲话时很好的听众
总是匆匆忙忙	即使有压力也从不匆忙
等待时缺乏耐心	能够耐心等待
干事时全力以赴	处事漫不经心
同时想干很多事	在一段时间里只干一件事情
讲话喜欢用加强语气，甚至敲桌子	讲话语速缓慢、不慌不忙
做了好事希望能得到别人的认可	只要自己满意即可，不管别人怎样想
吃饭、走路都很快	做事情很慢
不善与人相处	为人随和
容易暴露自己的感情	能控制自己的感情
具有广泛的兴趣	没什么业余爱好
雄心壮志	满足于目前的工作和学习状况

确立良好自我概念

自我概念是指个体对自己身体、思想和情感的主观整体评价，它由许多自我认识组成，包括我是什么人、我主张什么和我喜欢什么等。

坚持体育锻炼，可以使锻炼者体格强健、精力充沛、提高驾驭身体的能力，从而改善对自身的满意程度，确立良好的自我概念。

改变睡眠模式

根据脑电图的显示，人的睡眠可以分为两种状态，即慢波睡眠状态和快波睡眠状态。前者为浅度睡眠状态，后者为深度睡眠状态。一夜之间两种睡眠状态会交替发生 4～5 次。

有规律的体育锻炼不仅对慢波睡眠有促进作用，而且能缩短入眠的潜伏期，并延长睡眠的时间。

改善认知能力

体育锻炼还能改善人的认知过程，避免反应时间过长、注意力不集中和思维混乱等症状的发生，尤其对老年人的认知能力改善效果更为明显。

增加心理治疗效应

体育锻炼被公认为是一种心理治疗的好方法。目前人群中常见的心理疾患是抑郁症和焦虑症。研究发现，体育锻炼是治疗抑郁症的有效手段之一，抑郁症患者经过有规律的体育锻炼，抑郁症状能明显减轻。

体育锻炼还具有治疗焦虑症的作用，通过有规律的体育锻炼，可以使锻炼者的焦虑症状明显改善。

第三节 运动保护

在运动过程中，人体机能会随时发生变化。因此，应针对这种机能变化的特点来进行体育锻炼，也就是我们所说的运动保护。运动保护一般包括运动前准备、运动后放松和自我养护三个方面。

运动前准备

准备活动是指在正式运动之前进行的有目的的身体练习。做好充分的准备活动，可以缩短机体进入最佳状态的时间，同时还可以预防运动损伤的发生，为机体发挥最大的工作效率做好功能上的准备。

准备活动的作用

提高中枢神经系统兴奋状态

(1)使大脑反应速度加快，参加活动的运动中枢神经相互协调。

(2)为正式运动时生理机能达到适宜程度提前做好准备。

提高机体代谢水平

(1)准备活动可以使锻炼者体温升高，降低肌肉黏滞性，使肌肉的伸展性、柔韧性和弹性增强，从而有效预防运动损伤的发生。

(2)准备活动可以增强体内代谢酶的活性，使物质代谢水平提高，以保证运动时有较充分的能量供应。

克服内脏器官生理惰性

(1)准备活动可以提高心血管系统和呼吸系统的机能水平，使肺通气量及心血输出量增加。

(2)可以使心肌和骨骼肌的毛细血管扩张，使其工作肌获得更多的氧，从而克服内脏器官的生理惰性，使之尽快达到最佳状态。

增加皮肤毛细血管血流量

准备活动可以使皮肤毛细血管的血流量增加，运动后毛细血管扩张，有利于散热，降低体温，有效防止开始正式活动时由于体温过高而影响运动能力。

准备活动要求

准备活动时间

(1)准备活动的时间可以根据运动项目的具体情况确定，一般以10～30分钟为宜。

(2)准备活动与正式运动的间隔时间，一般以不超过15分钟为宜，可以在做完准备活动后立刻进行正式运动。

准备活动强度

(1)准备活动的强度和量应较正式运动小，以免引起不必要的疲劳。

(2)准备活动的量可以由心率来决定，心率以100～120次/分为宜。

准备活动内容

一般性准备活动

一般性准备活动的内容多以伸展运动开始，然后进行一般性的跑步、徒手体操等活动。

下面介绍一套常用的一般性准备活动操，供锻炼者运动前使用。这套活动操主要包括头部运动、肩部运动、扩胸运动、体侧运动、体转运动、髋部运动和踢腿运动等。

图2-3-1

头部运动

头部运动的动作方法（见图2-3-1）：两手叉腰，两脚左右开立，做头部向前、向后、向左、向右，以及绕环运动。

肩部运动

肩部运动的动作方法（见图2-3-2）：手扶肩部，屈臂向前、向后绕环，以及直臂绕环。

扩胸运动

扩胸运动的动作方法（见图2-3-3）：屈臂向后振动及直臂向后振动。

体侧运动

体侧运动的动作方法（见图2-3-4）：两脚左右开立，一手叉腰，另一臂上举，并随上体向对侧振动。

体转运动

体转运动的动作方法（见图2-3-5）：两脚左右开立，两臂体前屈，身体向左、向右有节奏地扭转。

髋部运动

髋部运动的动作方法（见图2-3-6）：两脚左右开立，两手叉腰，髋关节放松，向左、向右 360 度旋转。

图 2-3-2

图 2-3-3

踢腿运动

踢腿运动的动作方法(见图 2-3-7):两臂上举后振，同时一腿向后半步，重心置于前腿，两臂下摆后振，同时向前上方踢腿。

图 2-3-4

图 2-3-5

图 2-3-6

图 2-3-7

专门性准备活动

专门性准备活动的动作方法、节奏和强度等与正式锻炼相似，目的是使人体主要肌群在运动前得到动员，为正式锻炼做好准备。

运动后放松

运动后放松是指运动之后所进行的一些能够加速机体功能恢复的、较轻松的身体活动。与运动前准备活动相反，其目的是使锻炼者的生理机能水平逐步得到恢复。

放松方法

运动性手段

（1）运动结束后，锻炼者可采用变换运动部位的方法来消除疲劳，如上肢出现疲劳时可做一些慢跑运动，下肢出现疲劳时可做一些上肢运动。

（2）转换运动类型也是一种不错的放松方法，如打羽毛球出现疲劳时，可从事瑜伽运动来达到放松的目的。

（3）还可以用调整运动强度的方法来缓解疲劳，如可以在放松过程中，采用小强度的轻微运动方法等。

整理活动 见图 2–3–8

（1）整理活动是指运动后所做的一些能够加速机体功能恢复的身体活动，如剧烈运动后进行 3～5 分钟慢跑或其他整理活动，使身体机能得以恢复。

（2）剧烈运动后如不做整理活动而骤然停止动作，会影响氧气的补充和静脉血的回流，使机体血压降低，引起不良反应。

图 2-3-8

注意事项

(1)在进行整理活动时动作应缓慢、放松，运动量不要过大，否则会引起新的疲劳。

(2)在进行整理活动时，应当保持心情舒畅、精神愉快。

自我养护

锻炼后，锻炼者感觉身体疲劳是一种正常的生理现象，是体育锻炼过程中的正常反应，随着体育锻炼时间的延长，疲劳症状会自然消失。运动性疲劳出现后，锻炼者如果采用一些自我养护措施，可以加速身体机能的恢复，尽快消除疲劳，提高锻炼效果。常见的自我养护方法主要包括运动后休息、合理营养和物理手段等三种。

运动后休息

静止性休息

见图 2-3-9

(1)静止性休息是指锻炼者运动后保持机体相对的静止状态，以促进身体机能的恢复，尽快消除疲劳。

(2)静止性休息的最佳方式之一是睡眠，特别是刚开始从事锻炼者，身体不适应或疲劳症状明显时，更应该保证足够的睡眠，否则，锻炼者虽然积极参加了体育锻炼，但收效甚微，甚至会导致过度疲劳症状的发生。

（3）静止性休息更适合于消除全身运动导致的整体疲劳症状。

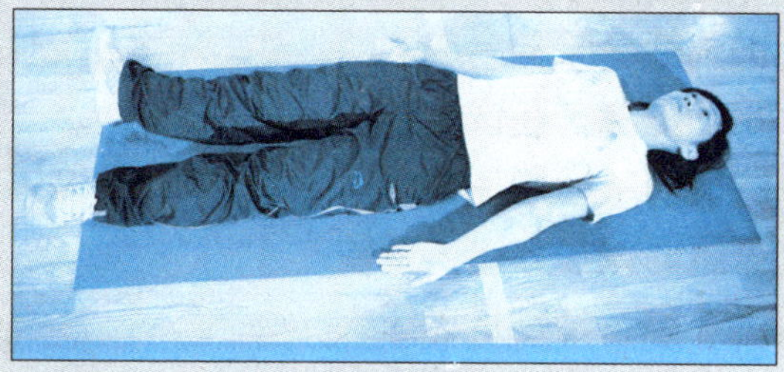

图 2–3–9

积极性休息

见图 2–3–10

（1）积极性休息更适合由于少量肌肉群参与工作而导致的局部疲劳，或运动强度较大而导致的快速疲劳。

（2）积极性休息可以加速血液循环，有利于代谢物排出体外，对促进身体机能的恢复具有明显的效果。

图 2–3–10

合理营养

见图 2–3–11

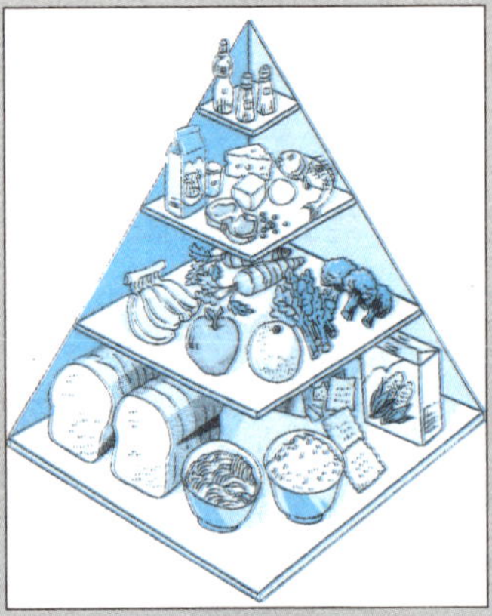
图 2–3–11

小强度、长时间的运动形式，主要是靠糖原的有氧代谢提供能量。运动后应及时补充淀粉类食物，如面粉、大米等，以促进消耗糖原的合成。随着人民生活水平的提高，在饮食结构中，肉类食品的比重不断增加，而淀粉类食品的比重逐渐减少，这一现象应当引起人们的注意，特别是老年人参加体育锻炼，更应注意对淀粉类食物的补充。

强度较大、时间又相对较长的运动形式，主要是靠糖原的无氧代谢提供能量。这样，糖原无氧代谢产物——乳酸便会在体内大量堆积。因此，运动后应多补充蔬菜、水果等碱性食品，以加速乳酸的清除，达到尽快消除疲劳的目的。

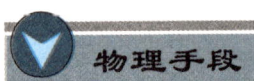

物理手段

按摩及牵拉

见图 2–3–12

(1)通过刺激神经末梢、皮肤结缔组织和毛细血管的按摩方法，可以使紧张的肌肉得以放松，从而改善局部组织和全身的血液循环，达到促进身体机能恢复的目的，这种方法可以在锻炼后马上进行。

(2)此外，还可以采取缓慢牵拉肌肉的方法，使收缩的肌肉得到充分的伸展放松。

水疗及电疗

(1)水疗包括芬兰式蒸汽浴、热水浴和桑拿浴等多种形式，主要作用是通过提高体温，促进血液循环，清除代谢物，以达到尽快消除疲劳、恢复体力的目的。

(2)水疗的时间一般以不超过 30 分钟为宜，如果时间过长，会进一步消耗体力，严重时甚至会出现暂时性脑缺血现象。

（3）如果条件允许，还可对疲劳的肌肉进行低频治疗。低频治疗仪的原理是模拟针灸疗法，使用时将电极用不干胶对称地粘贴在运动部位表皮上。这种疗法可以促进局部血液循环，改善组织代谢，缓解肌肉酸痛，消除疲劳。

图 2-3-12

第三章 基本技术

有氧操就是在基本技术的基础上，按照一定的需要进行不同的组合和编排，从而产生不同难度、不同强度、不同风格、不同视觉效果的动作。按照运动强度的不同，可以将有氧操的基本技术分为无冲力技术动作、低冲力技术动作和高冲力技术动作等。

第一节

无冲力(No-Impact)技术动作

无冲力技术动作中两只脚有接触地面的动作或不支撑体重的动作，一般用做成套动作编排的起始和结束部分或作为动作间的转换步法，动作幅度小，力量不强，节奏舒缓，运动强度小。常用的无冲力技术动作包括半蹲、弹动、弓步和移重心等。

半蹲

半蹲是有氧操经常用到的动作，它是通过膝关节有节奏和弹性的屈伸实现的。

动作方法 见图 3-1-1

(1)两手叉腰，身体的一侧脚向左或向右开立，与肩同宽；

(2)重心迅速移到两腿之间，膝关节弯曲，重心下移，膝关节弯曲到半蹲位置，立腰、收腹、挺胸。

图 3-1-1

技术要点

(1)分腿开立时脚尖朝前，膝关节朝前；

(2)半蹲时立腰、收腹、挺胸。

错误纠正

练习时易出现分腿时脚尖外展、半蹲时塌腰等问题。因此，在练习半蹲动作时，应注意分腿出脚时脚尖的方向，解决脚尖外展的问题。可用两手叠放在腰后辅助练习，解决塌腰的问题。

伤害预防

为减少对腿部关节和肌肉的伤害，应在运动前做好充分的热身，由低位半蹲逐渐过渡到高位半蹲的练习，掌握好动作节奏。

弹动

弹动是有氧操最常用到的动作，通过膝关节有弹性的屈伸，加强动作的节奏和韵律。

动作方法 见图3–1–2

膝关节做有弹性的屈伸。

技术要点

身体放松，做小幅度的屈伸运动。

错误纠正

练习时易出现身体向下蹲等问题。因此，应将臀部立起，保持膝关节放松，做小幅度运动。

伤害预防

为减少对膝关节的伤害，应按照规范动作练习，体会动作要领。

图3–1–2

弓步

有氧操的弓步是比较常用的动作，经常进行弓步练习，可以增强下肢力量。

动作方法 见图 3–1–3

以前弓步为例，两手叉腰，抬头，挺胸，收腹，前腿大腿弓平，后腿蹬直，重心放在两腿之间，上体保持正直，与前脚的脚尖方向一致。

技术要点

前脚和后脚的位置不要放在一条直线上。

错误纠正

练习时易出现大腿的弓伸不足或过度、重心不稳、蹬伸腿膝关节弯曲等问题。因此，应保持后脚蹬伸有力，将身体转正。

伤害预防

为减少对膝关节的伤害，应按照规范动作练习，掌握好弓步前腿的弓伸角度。

图 3–1–3

移重心(经半蹲向左、向右)

重心移动技术主要表现在方向上，通过前后左右的移动，使身体的重心发生变化。

动作方法 见图 3–1–4

两手叉腰，两腿开立，左脚支撑，右脚脚尖点地，有弹性地屈膝半蹲后，双腿伸直同时将重心右移，呈右脚支撑地面，左脚脚尖点地的动作。

技术要点

身体重心从一端移向另一端时，必须经两腿之间。

错误纠正

练习时易出现重心移动后未能迅速保持平衡、肢体不协调等问题。因此，应慢动作进行练习，体会动作要领。

伤害预防

为减少对腰部和踝关节的伤害，练习该动作时，应尽量保持重心转移后的平衡。

图 3-1-4

第二节

低冲力(Low-Impact)技术动作

低冲力动作一般是指以各种步法为主要技术内容的动作，在做动作的过程中总有一只脚有与地面相互接触的动作。常用的低冲力技术动作包括走步、"V"字步，侧点步、开步、一字步和交叉步等。

走步

走步类动作运动强度较低，要求在运动过程中至少有一只脚与地面保持接触。

动作方法 见图 3-2-1

迈步移动，向前走时脚跟先落地(移动中的踏步)，并过渡到前脚掌，膝盖要有弹动。

技术要点

在落地时，膝关节与踝关节要有弹性缓冲。

错误纠正

练习时易出现膝关节没有弹动、弹动与走步不协调等问题。因此，应练习原地踏步与弹动，加强上下肢协调性的训练。

伤害预防

为减少对膝关节与踝关节的伤害，练习该动作时，应注重弹动与缓冲，加强关节的弹动性训练，加强关节的支撑力量。

图 3-2-1

"V"字步

"V"字步的动作强度较低，是走步的一种表现形式，从并腿站立开始，左右脚依次向前迈出，再依次收回原位的动作，脚的动作路线如同在地面上形成一个"V"字。

动作方法 见图 3-2-2

一脚迈出，另一脚随之迈出呈一条直线，两脚距离略比肩宽，两膝自然弯曲，然后依次收回。

技术要点

上步时动作要快，韵律感强，避免上体的晃动以及髋关节的过度扭动。

错误纠正

练习时易出现上步动作不协调、跟进步法慢等问题。因此，应分别进行慢动作练习，加强重心转换技术。

伤害预防

为减少对膝关节和髋关节的伤害，练习时应注意重心的移动和转换，由慢到快，控制好膝关节和踝关节的力量。

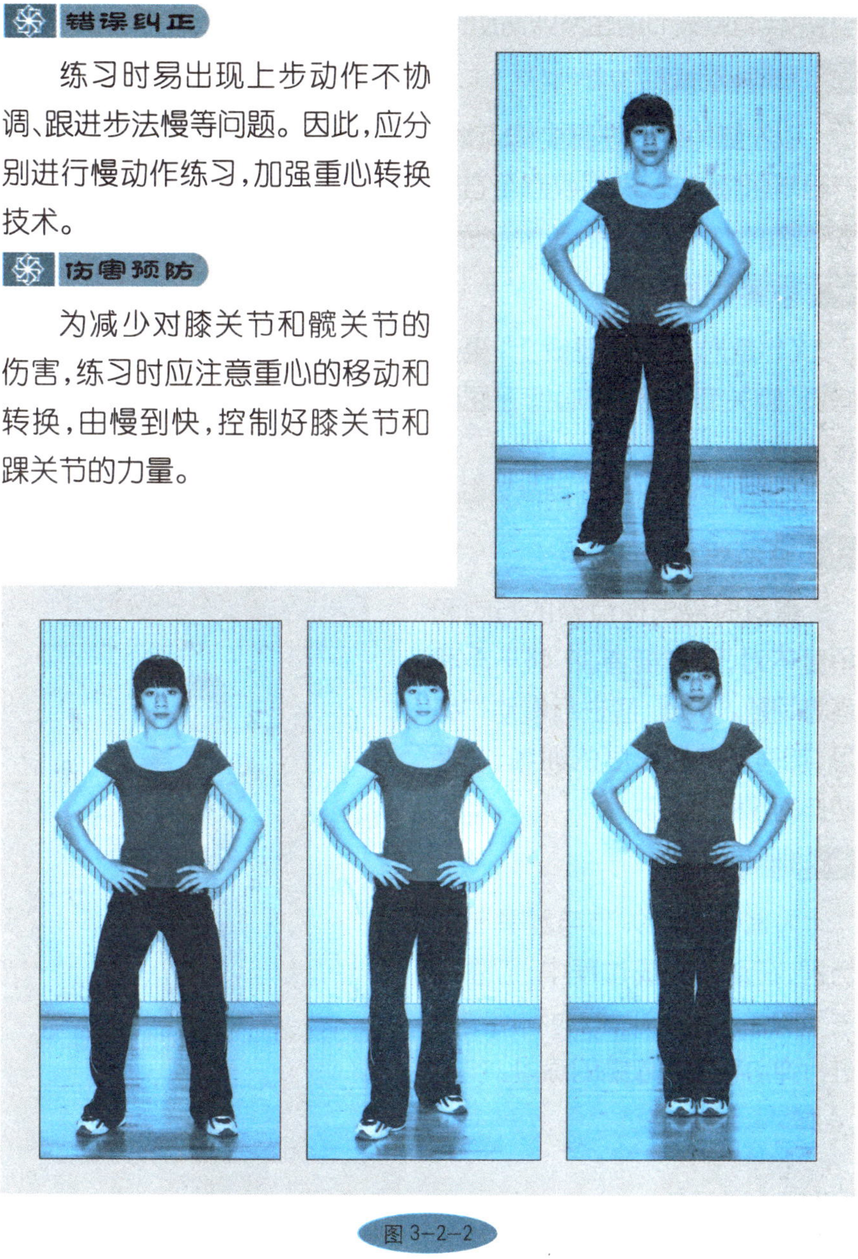

图 3-2-2

侧点步

侧点步是比较常用的步法，动作强度不大，是一只脚不动，另一只脚向体侧伸出，脚尖有弹性地点地后再迅速收回的动作。在动作过程中，常伴有膝关节的屈膝弹动动作。

动作方法

见图 3–2–3

以左脚为例，左脚尖侧点地，右腿略屈膝站立，然后收回至右脚旁还原。

技术要点

(1)重心落在支撑腿上，腿部伸直，膝关节外摆，重心留在屈膝腿上；

(2)动作富有弹性，自然流畅。

错误纠正

练习时易出现点踏的方向和角度不对，动作拖沓，不够干净利落等问题。因此，应进行慢动作练习，加强方向和角度的训练，掌握动作的收缩节奏。

伤害预防

为减少对膝关节与踝关节的伤害，在动作完成过程中，应注重关节的弹动与缓冲，同时利用踏板进行弹动与缓冲收缩的练习。

图 3–2–3

开步

开步是指一脚向一侧迈出，然后再回到起始位置，另一只脚的位置保持不变的动作。迈步脚着地时要从前脚掌迅速过渡到全脚掌，支撑脚的膝关节屈膝弹动，整个动作富有节奏。

动作方法

见图 3-2-4

左脚尽量向左侧方向迈出，右脚保持不动，左脚退回开始位置。

技术要点

(1)脊背部及腰腹部要有控制；

(2)膝关节要有缓冲。

错误纠正

练习时易出现步法宽度不够、两膝下沉不充分等问题。因此，应反复练习屈膝动作，同时加强核心部位(腰腹部)的力量训练，以保证完成动作时重心的稳定性。

伤害预防

为减少对膝关节与腰背部的伤害，开步下蹲的一瞬间，应注意加强对膝关节与腰背部的力量控制，由慢到快，循序渐进，同时加强膝关节的控制能力与竖脊肌的力量训练。

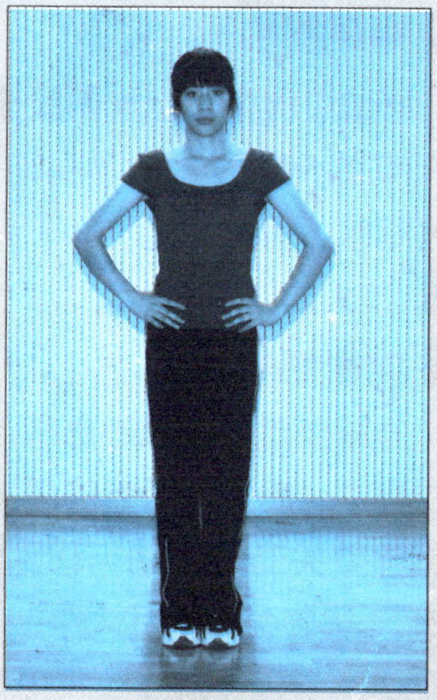

图 3-2-4

一字步

一字步是指一脚向一侧迈出，另一只脚跟进呈并步，随后再向相反方向依次迈步回到原来位置的动作。动作运行的轨迹如同在地面画了个“一”字，在整个动作过程中，支撑脚的膝关节屈膝弹动，并富有节奏。

动作方法 见图 3-2-5

以向右的一字步为例，4 拍完成动作，右脚向右迈一步，左脚跟进呈并步，左脚再向左迈步，右脚跟进呈并步。

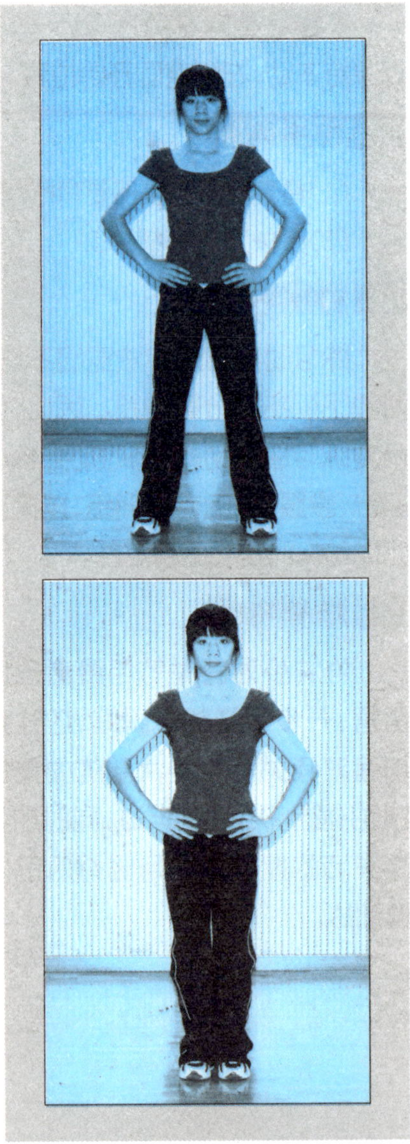

技术要点

（1）每次落地，两脚依次顺势缓冲；

（2）移动过程要柔和；

（3）动作圆滑，有弹性。

错误纠正

移动过程中易出现两膝僵硬、动作伸展不够充分、上半身动作僵硬等问题。因此，应反复练习屈膝动作，加大动作幅度的训练。

伤害预防

为减少对膝关节的伤害，在移动过程中，应注意两膝的缓冲，同时加强膝关节的弹动与移动连接练习，增强膝关节的灵活性。

图 3-2-5

交叉步

交叉步是指在有氧操移动过程中，一只脚向侧迈一步，另一只脚在其后交叉，形成两脚前后交叉的动作。

动作方法

见图 3-2-6

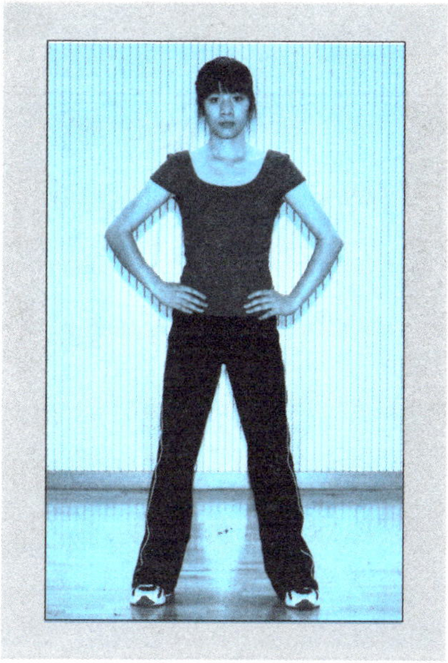

左脚向左侧迈一步，右脚在其后交叉，左脚再向左侧迈一步，右脚跟进呈并步站立。

技术要点

重心移向移动方向，动作连接要快，两拍完成交叉动作。

错误纠正

练习时易出现缺乏对音乐的掌控、节奏不准确、重心未转移等问题。因此，应跟随音乐进行练习，加强乐感及动作的节奏感。

伤害预防

为减少对膝关节的伤害，应增强脚下步法的灵活性练习，加强力量训练。

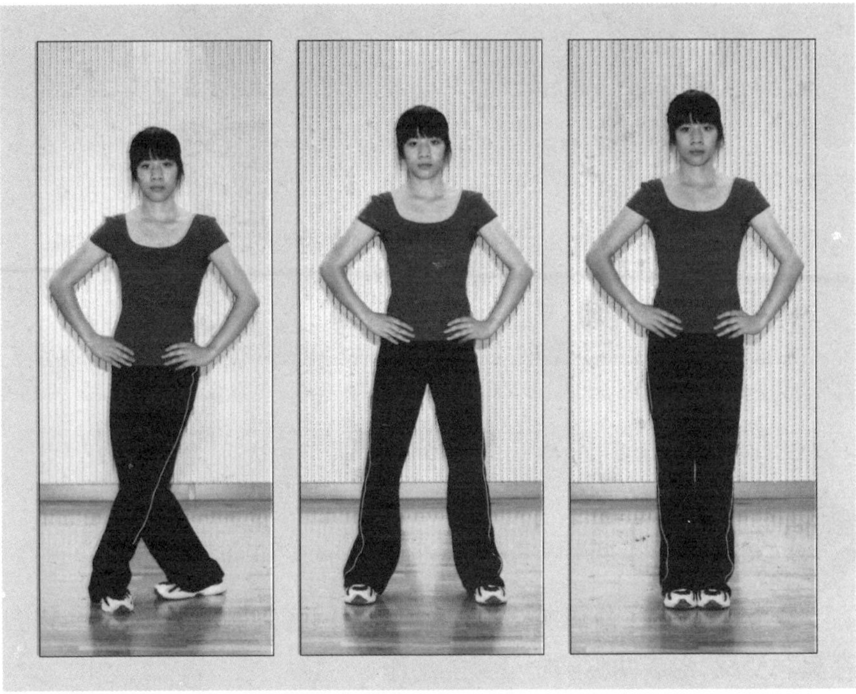

图 3-2-6

第三节

高冲力(Hi-Impact)技术动作

高冲力技术动作多指动作强度大，动作有力的跑、跳、踢等动作，动作的主要特点是在动作过程中两只脚都离开地面，即有腾空动作。高冲力动作一般在成套动作的中后期出现，对于练习者的力量、有氧耐力和心肺功能的锻炼效果十分明显，高冲力技术动作包括跑步、弹踢和开合跳等。

跑步

有氧操的跑步动作一般没有明显的位移，多为原地的跑步或不同方向很短的位置移动，通常在一个8拍结束时会回到起始的位置。跑步是增加运动强度、提高动作频率的常用动作，对于锻炼练习者的下肢力量和耐力很有帮助。

动作方法

见图3-3-1

上体保持正直，两臂前后自然摆动，左脚利用右脚掌的蹬力腾空后，前脚掌先着地，身体重心前移，右脚照此法，两脚做依次循环的动作。

技术要点

(1)脚跟离地的一瞬间，膝盖要有由下向上弹动的爆发力；

(2)左脚着地的一瞬间，重心快速转换。

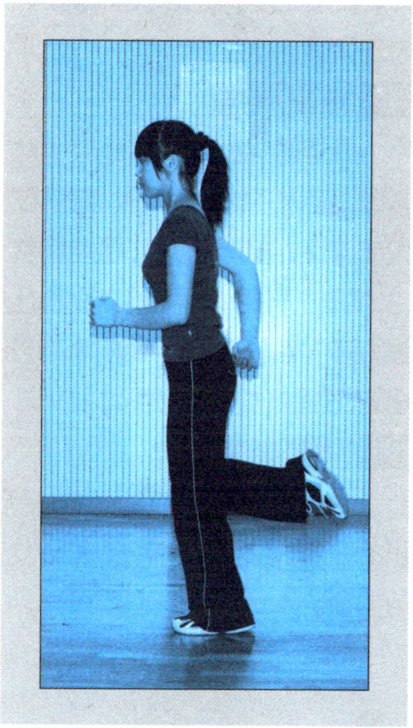

图3-3-1

错误纠正

练习时易出现两膝僵硬，缺乏弹性，动作没有爆发力，上半身动作僵硬，摆臂不协调，身体重心未及时转换等问题。因此，应进行屈膝与腿部爆发力动作的训练，同时加强重心移动技术的练习。

伤害预防

为减少对膝关节的伤害，跑步过程中，应注意膝关节的缓冲与弹动，选择平整、干爽、清洁的场地活动，避免汗水落地使得地面湿滑，造成伤害。

弹踢

弹踢是指下肢大腿带动小腿，绷脚尖，向各个方向做加速摆动的动作。经常锻炼弹踢的动作，可以加速血液循环，提高下肢的灵活性。

动作方法 见图 3—3—2

（1）右脚抬起，快速弹向前方并落在地上；

（2）改变支撑腿重复相同动作，还可以向侧面或后面弹踢

技术要点

腾空后，大腿带动小腿抬起至一定高度后，小腿自然地以膝关节为轴弹直。

错误纠正

练习时易出现动作结束时膝盖紧绷，在没有弹起落地时，脚就试图完成动作，动作无节奏，蹬地腾空无力，躯干左右摆动等问题。因此，应多跟随音乐练习，加强下肢肌肉力量的控制，掌握好发力的节奏。

伤害预防

为减少对膝关节的伤害，在踢腿的一瞬间，应控制好膝关节发力的力量。

图 3—3—2

开合跳

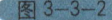

开合跳是指在跳的动作过程中下肢配合音乐有节奏地打开，再迅速起跳并步落地的动作。动作一开一合，富有节奏，动感十足。

动作方法

见图 3-3-3

两腿并步站立，屈膝后两脚同时蹬地向上跳起，空中直腿分腿后，缓冲落地呈开立，然后快速蹬地，同时再向上跳起，两腿并拢落地。

技术要点

(1)蹬地时快速有力，落地时下肢肌肉适度紧张，增加肌肉弹性，注意膝关节缓冲；

(2)分腿时直腿开，躯干正直。

错误纠正

练习时易出现身体不稳、左右晃动、膝关节未伸直等问题。因此，应通过反复练习，加强力量训练和姿态控制练习。

伤害预防

为减少对膝关节和踝关节的伤害，在训练前应做好充分的热身，或动作循序渐进，落地缓冲及蹬地时，肌肉要保持适度紧张，控制好时机和力量。

图 3-3-3

第四章 上肢与躯干技术动作

上肢与躯干动作是有氧操基本的技术动作，在有氧操的动作编排中，上体的各种动作姿态、动作组合都是通过上肢和躯干部位的技术动作相互配合实现的。通过上肢和躯干动作的练习，不仅能表现出不同的有氧操动作风格，同时对于上肢和躯干部位力量的增加、活动范围的扩大、身体的协调配合、上下肢协调发展、塑形减脂都有着十分重要的作用。

第一节 上肢技术动作

上肢动作是有氧操的基本技术动作之一，在有氧操的动作编排中占有重要的作用。上肢动作包括举、摆、绕环、振、屈和伸等。

举

举是指上肢伸直由低向高举起至某一方位停止不动的姿势。经常练习举可以加速血液循环，提高机体的工作能力。举包括前平举、侧平举、前上举、前下举、侧上举和侧下举等动作。

前平举

动作方法 见图 4—1—1

两脚并拢自然站立，抬头，挺胸，收腹，两臂体前抬起，做平行于地面的动作。

技术要点

两臂伸直，平行于地面。

错误纠正

练习时易出现手臂不伸直等问题。因此，应对照镜子或在教师指导帮助下进行练习，体会动作要领。

伤害预防

为减少对练习者身体姿态的影响，应按照规范动作练习。

图 4—1—1

侧平举

动作方法 见图 4-1-2

两脚并拢自然站立，抬头，挺胸，收腹，两臂体侧抬起，做平行于地面的动作。

技术要点

两臂伸直，平行于地面。

错误纠正

练习时易出现手臂不伸直等问题。因此，应对照镜子或在教师指导帮助下进行练习，体会动作要领。

伤害预防

为减少对练习者身体姿态的影响，应按照规范动作练习。

图 4-1-2

前上举

动作方法 见图 4-1-3

两脚并拢自然站立，抬头，挺胸，收腹，两臂体前抬起，做与上体夹角为 135 度的动作。

技术要点

练习时两臂伸直，两臂与上体夹角为 135 度。

错误纠正

练习时易出现手臂不伸直等问题。因此，应对照镜子或在教师指导帮助下进行练习，体会动作要领。

图 4-1-3

伤害预防

为减少对练习者身体姿态的影响，应按照规范动作练习。

前下举

动作方法 见图 4–1–4

两脚并拢自然站立，抬头，挺胸，收腹，两臂体前抬起，做与上体夹角为 45 度的动作。

技术要点

两臂伸直，两臂与上体夹角为 45 度。

错误纠正

练习时易出现手臂不伸直等问题。因此，应对照镜子或在教师指导帮助下进行练习，体会动作要领。

伤害预防

为减少对练习者身体姿态的影响，应按照规范动作练习。

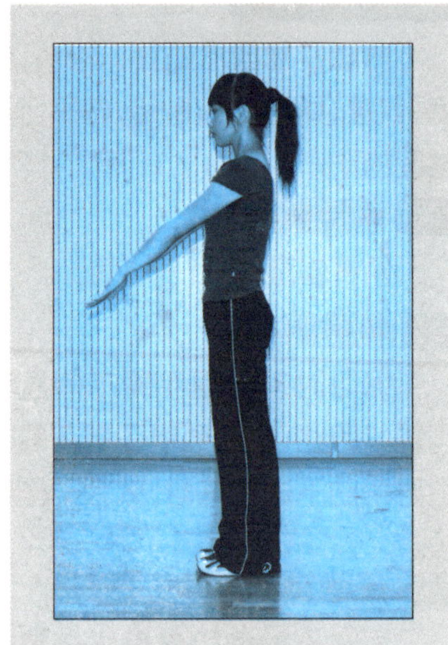

图 4–1–4

侧上举

动作方法 见图 4–1–5

两脚并拢自然站立，抬头，挺胸，收腹，两臂体侧抬起，做与上体夹角为 135 度的动作。

技术要点

两臂伸直，两臂与上体夹角为 135 度。

错误纠正

练习时易出现手臂不伸直等

图 4–1–5

问题。因此，应对照镜子或在教师指导帮助下进行练习，体会动作要领。

伤害预防

为减少对练习者身体姿态的影响，应按照规范动作练习。

侧下举

动作方法

见图 4-1-6

两脚并拢自然站立，抬头，挺胸，收腹，两臂体侧抬起，做与上体夹角为 45 度的动作。

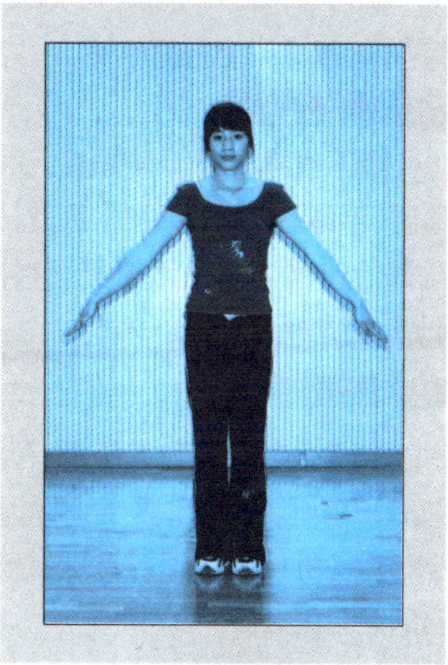

图 4-1-6

技术要点

两臂伸直，两臂与上体夹角为 45 度。

错误纠正

练习时易出现手臂不伸直等问题。因此，应对照镜子或在教师指导帮助下进行练习，体会动作要领。

伤害预防

为减少对练习者身体姿态的影响，应按照规范动作练习。

摆

摆的动作分为自然的随摆和以某一关节为轴，左右、前后、上下的摆动，经常做摆的练习，可以增强关节处肌肉力量和弹性。

动作方法

见图 4-1-7

以肩关节为轴，屈肘，自然地

前后摆动手臂。

图 4-1-7

技术要点

摆臂要协调有力度，肘关节略有弯曲，用肩关节带动手臂。

错误纠正

练习时易出现手臂伸直、动作僵硬、手臂占主导等问题。因此，应在练习过程中加强手臂灵活性的训练，使动作更放松。

伤害预防

为减少对肩关节的伤害，在摆动的一瞬间，不要过度发力，应加强肩背部的伸展训练，并注意练习后的充分放松。

绕环

绕环动作是比较常用的动作，一般多以肩关节为轴做由前向后，或由后向前的连续性绕环，经常做这类动作可以增强关节的灵活性，加大活动范围，预防和治疗各种关节和肌肉疼痛与疾病。

动作方法 见图 4-1-8

以左臂单臂绕环为例，动作方法是：

以肩关节为轴，左臂由自然前摆状态直臂向前、向上、向后、向下绕动。

技术要点

动作方向要准确，躯干正直，摆臂绕环动作要有速度控制。

错误纠正

练习时易出现手臂带动发力，动作僵硬，手臂过于紧张，没有弹性等问题。因此，应在练习时结合各种下肢动作变换节奏。

伤害预防

为减少对肩关节的伤害，练习该动作时，应加强肩关节部位的肌肉耐力与力量的训练，同时加强肩关节的灵活性练习，并注意练习后的充分放松。

图 4-1-8

振

振是指以肩关节为发力点，手臂上下振动，上肢向某个方向做最大幅度的加速摆。通过振的练习，可以提高上肢的柔韧性。振包括上下振、后振和侧振等动作。

上下振

动作方法 见图 4—1—9

两脚并拢自然站立，抬头，挺胸，收腹，两臂交替做上举和下举，同时向后加速摆动。

技术要点

(1)振动的节奏要控制好；

(2)发力的速度要快。

错误纠正

练习时易出现手臂振动缺少爆发力等问题。因此，应加强手臂肌肉的收缩训练，注意练习过程中手臂的放松。

伤害预防

为减少对肩关节的伤害，练习该动作时，应增强肩关节的灵活性。

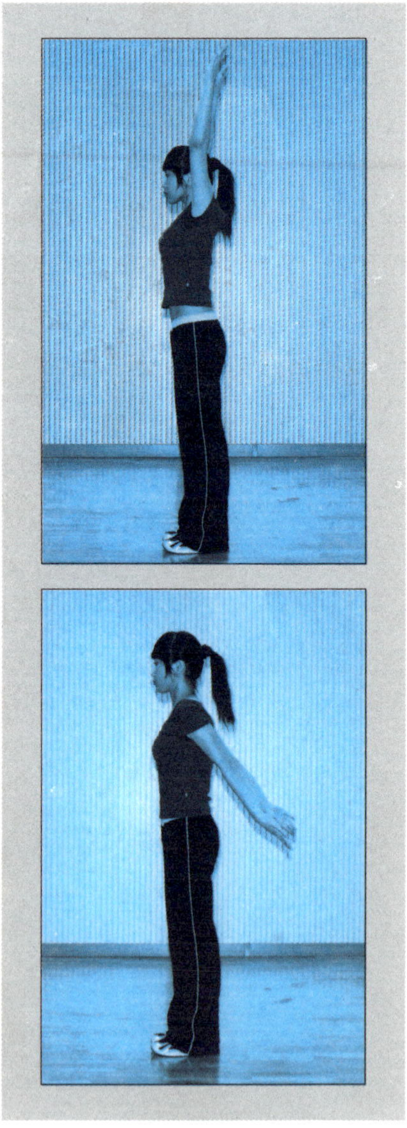

图 4—1—9

后振

动作方法 见图 4–1–10

两脚并拢自然站立，抬头，挺胸，收腹，两臂侧平举，向后做加速摆动。

技术要点

练习时，两臂应做最大幅度的加速摆动。

错误纠正

练习时易出现两臂摆动幅度小、加速度不足等问题。因此，应对照镜子或在教师指导帮助下进行动作练习，体会动作要领。

伤害预防

为减少对上肢韧带拉伤的伤害，应逐步增大加速的幅度。

图 4–1–10

侧振

动作方法 见图 4–1–11

两脚并拢自然站立，抬头，挺胸，收腹，两臂侧上、侧下举，向后做加速摆动。

技术要点

练习时，两臂应做最大幅度的加速摆动。

错误纠正

练习时易出现两臂摆动幅度小、加速度不足等问题。因此，应对

图 4–1–11

照镜子或在教师指导帮助下进行练习，体会动作要领。

伤害预防

为减少对上肢韧带拉伤的伤害，应逐步增大加速的幅度。

屈

屈是指上肢关节弯曲或缩小成一定角度，在某一方位停止不动的姿势。通过进行屈的练习，可以培养练习者正确的身体姿态，屈包括胸前屈、肩侧屈、头后屈、腰侧屈和胸前平屈等动作。

胸前屈

动作方法 见图 4-1-12

两脚并拢自然站立，抬头，挺胸，收腹，两臂胸前屈肘，前臂与地面垂直。

技术要点

练习时，两臂弯曲和缩小的角度要符合要求。

错误纠正

练习时易出现两臂弯曲和缩小的角度不符合要求等问题。因此，应对照镜子或在教师指导帮助下进行练习，体会动作要领。

伤害预防

为减少对练习者身体姿态的影响，应按照规范动作练习。

图 4-1-12

肩侧屈

动作方法 见图 4–1–13

两脚并拢自然站立，抬头，挺胸，收腹，两臂体侧屈肘，前臂与地面垂直。

技术要点

练习时，不要耸肩，两臂弯曲和缩小的角度要符合要求。

错误纠正

练习时易出现耸肩，两臂弯曲和缩小的角度不符合要求等问题。因此，应对照镜子或在教师指导帮助下进行练习，体会动作要领。

伤害预防

为减少对练习者身体姿态的影响，应按照规范动作练习。

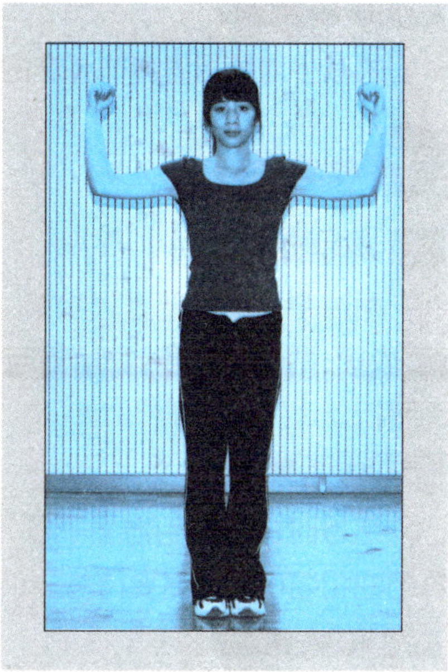

图 4–1–13

头后屈

动作方法 见图 4–1–14

两脚并拢自然站立，抬头，挺胸，收腹，两臂头后屈肘，肘关节高于肩关节。

技术要点

练习时，肘关节要高于肩关节，两臂弯曲和缩小的角度要符合要求。

错误纠正

练习时易出现肘关节低于肩

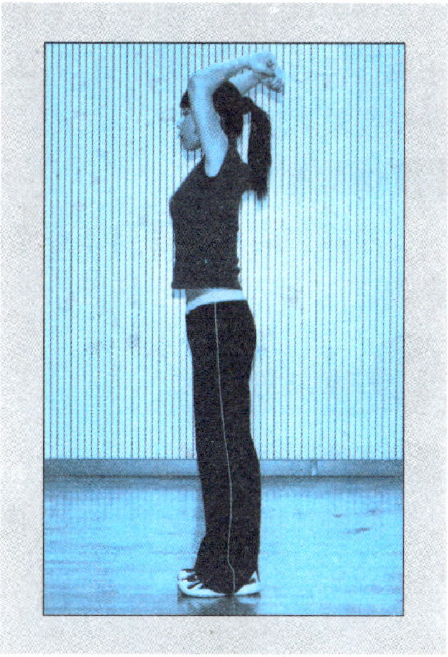

图 4–1–14

关节,两臂弯曲和缩小的角度不符合要求等问题。因此,应对照镜子或在教师指导帮助下进行练习,体会动作要领。

伤害预防

为减少对练习者身体姿态的影响,应按照规范动作练习。

腰侧屈

动作方法 见图 4-1-15

两脚并拢自然站立，抬头,挺胸,收腹,两臂腰部屈肘,前臂与地面平行。

技术要点

练习时，前臂与地面平行,两臂弯曲和缩小的角度要符合要求。

错误纠正

练习时易出现前臂与地面出现夹角,两臂弯曲和缩小的角度不符合要求等问题。因此,应对照镜子或在指导帮助下进行练习,体会动作要领。

伤害预防

为减少对练习者身体姿态的影响,应按照规范动作练习。

图 4-1-15

胸前平屈

动作方法 见图 4-1-16

两脚并拢自然站立,抬头,挺胸,收腹,两臂胸前屈肘,前臂与地面平行。

技术要点

练习时，前臂与地面平行，两臂弯曲和缩小的角度要符合要求。

错误纠正

练习时易出现前臂与地面出现夹角，两臂弯曲和缩小的角度不符合要求等问题。因此，应对照镜子或在教师指导帮助下进行练习，体会动作要领。

伤害预防

为减少对练习者身体姿态的影响，应按照规范动作练习。

图 4–1–16

伸

伸是指上肢关节伸展或扩大成一定角度，在某一方位停止不动的姿势。进行伸的练习要配合屈，通过练习可以培养正确的身体姿态，伸包括上伸、侧伸和前伸等动作。

上伸

动作方法 见图 4–1–17

两脚并拢自然站立，抬头，挺胸，收腹，两臂向上超过肩关节水平面，将手臂各关节经过缩小到扩大的动作。

技术要点

上肢关节充分伸展。

错误纠正

练习时易出现上肢伸展不够充分等问题。因此，应对照镜子或在教师指导帮助下进行练习，体会动作要领。

伤害预防

为减少对练习者身体姿态的影响，应按照规范动作练习。

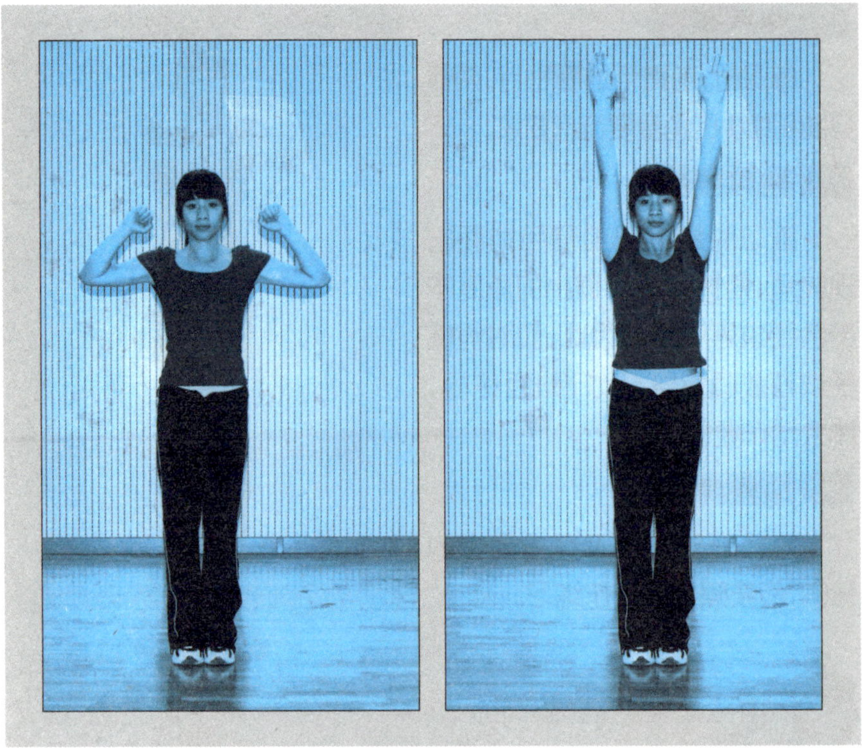

图 4-1-17

侧伸

动作方法 见图 4-1-18

两脚并拢自然站立，抬头，挺胸，收腹，两臂向两侧平行于地面，将手臂各关节经过缩小到扩大的动作。

技术要点

上肢关节充分伸展。

错误纠正

练习时易出现上肢伸展不够充分等问题。因此，应对照镜子或在教师指导帮助下进行练习，体会动作要领。

伤害预防

为减少对练习者身体姿态的影响，应按照规范动作练习。

图 4—1—18

前伸

动作方法 见图 4—1—19

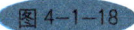

两脚并拢自然站立，抬头，挺胸，收腹，两臂向前平行于地面，将手臂各关节经过缩小到扩大的动作。

技术要点

动作方向要准确，屈伸动作要有力，上肢关节充分伸展。

错误纠正

练习时易出现动作缺乏弹性与节奏感等问题。因此，应结合各种下肢动作变换节奏，同时注意方向的变化控制。

伤害预防

为减少对肩关节与肘关节的伤害，练习该动作时，应增强肩关节与肘关节的弹动性训练，同时多练习空间方位的变化。

图 4—1—19

第二节
躯干技术动作

躯干技术动作是有氧操的基本技术动作之一，在有氧操练习中具有重要作用。躯干技术动作包括头颈动作、胸部动作和髋部动作等。

头颈动作

头颈动作可以有效地缓解肌肉疲劳，促进头部血液循环，预防和治疗颈椎病，主要包括屈、转、绕与绕环等。

屈

屈是指头颈弯曲成一定角度在某一方位停止不动的姿势。在日常生活中，头颈屈的应用非常广泛，包括前屈、后屈、左屈和右屈等动作。

前屈

动作方法 见图 4-2-1

两脚并拢自然站立，两手叉腰，挺胸，收腹，头部向前做点头动作。

技术要点

做头颈前驱动作时，动作要缓慢，充分拉伸后颈的肌肉。

错误纠正

练习时易出现动作幅度小、节奏掌握得不好等问题。因此，应对照镜子或在教师指导帮助下进行练习，体会动作要领。

伤害预防

为减少对颈部肌肉的伤害，在做前屈动作时，应掌握好动作节奏，使动作尽量规范。

图 4-2-1

后屈

动作方法 见图 4-2-2

两脚并拢自然站立，两手叉腰，挺胸，收腹，头部向后做后仰动作。

技术要点

做头颈后屈动作时，动作要缓慢，充分拉伸前颈的肌肉。

错误纠正

练习时易出现动作幅度小，节奏掌握得不好等问题。因此，应对照镜子或在教师指导帮助下进行

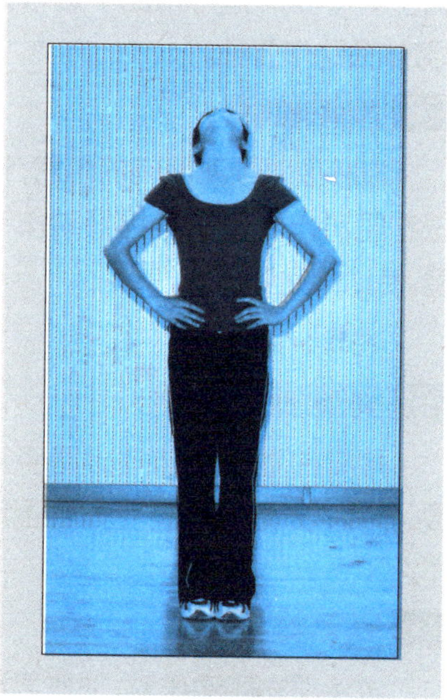

图 4-2-2

练习。

伤害预防

为减少对颈部肌肉的伤害，在做后屈动作时，应掌握好动作节奏，使动作尽量规范。

左屈

动作方法 见图 4-2-3

两脚并拢自然站立，两手叉腰，挺胸，收腹，头部向左做侧倒动作。

图 4-2-3

技术要点

做头部左屈动作时，动作要缓慢，充分拉伸右颈的肌肉。

错误纠正

练习时易出现动作幅度小、节奏掌握不好等问题。因此，应对照镜子或在教师指导帮助下进行练习，体会动作要领。

伤害预防

为减少对颈部肌肉的伤害，在做左屈动作时，应掌握好动作节奏，使动作尽量规范。

右屈

动作方法 见图 4-2-4

两脚并拢自然站立，两手叉腰，挺胸，收腹，头部向右做侧倒动作。

图 4-2-4

技术要点

做头部右屈动作时，动作要缓慢，充分拉伸左颈的肌肉。

错误纠正

练习时易出现动作幅度小，节奏掌握得不好等问题。因此，应对照镜子或在教师指导帮助下进行练习，体会动作要领。

伤害预防

为减少对颈部肌肉的伤害，在做右屈动作时，应掌握好动作节奏，使动作尽量规范。

转

转是指头颈围绕着身体的纵轴进行旋转的动作。在日常生活中，头颈转动的应用也非常广泛，包括左转和右转等动作。

左转

动作方法 见图 4-2-5

两脚并拢自然站立，两手叉腰，挺胸，收腹，头部向左做转 90 度的动作。

技术要点

转头时，头要正，动作幅度到位，动作要缓慢，充分拉伸右颈的肌肉。

错误纠正

练习时易出现头部转动方向不准确、动作幅度小等问题。因此，应加强头部空间方位变化和动作幅度的训练。

伤害预防

为减少对颈椎的伤害，做转头动作时，应控制好颈椎，同时进行慢动作颈部练习，增强颈部的灵活性。

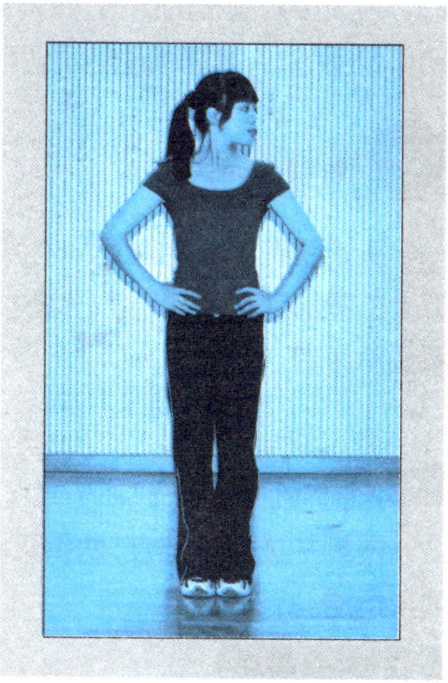

图 4-2-5

右转

动作方法 见图 4–2–6

两脚并拢自然站立，两手叉腰，挺胸，收腹，头部向右做转 90 度的动作。

技术要点

头部向右转动时，头部要垂直于地面，动作要缓慢，充分拉伸左颈的肌肉。

错误纠正

练习时易出现头部转动方向不准确、动作幅度小等问题。因此，应加强头部空间方位变化和动作幅度的训练。

图 4–2–6

伤害预防

为减少对颈椎的伤害，做转头动作时，应控制好颈椎，同时进行慢动作颈部练习，增强颈部的灵活性。

绕与绕环

头颈部做 180 度以上、360 度以下的弧形动作为绕；做超过 360 度以上的圆形动作为绕环。日常生活中进行绕与绕环动作练习，可以缓解颈部疲劳。

绕

动作方法 见图 4–2–7

两脚并拢自然站立，两手叉腰，挺胸，收腹，头部做以颈为轴心的弧形运动。

技术要点

头部做绕时，动作要匀速、缓慢，均匀拉伸颈部的肌肉。

错误纠正

练习时易出现运动节奏差等问题，因此，应对照镜子或在教师指导帮助下进行练习，体会动作要领。

伤害预防

为减少对颈部肌肉的伤害，在做绕的动作时，应掌握好动作节奏，使动作尽量规范。

图 4-2-7

绕环

动作方法 见图 4–2–8

两脚并拢自然站立，两手叉腰，挺胸，收腹，头部做以颈为轴心的圆形运动。

技术要点

头部做绕环时，动作要匀速、缓慢，均匀拉伸颈部的肌肉。

错误纠正

练习时易出现运动节奏差等问题。因此，应对照镜子或在教师指导帮助下进行练习，体会动作要领。

伤害预防

为减少对颈部肌肉的伤害，在做绕环动作时，应掌握好动作节奏，使动作尽量规范。

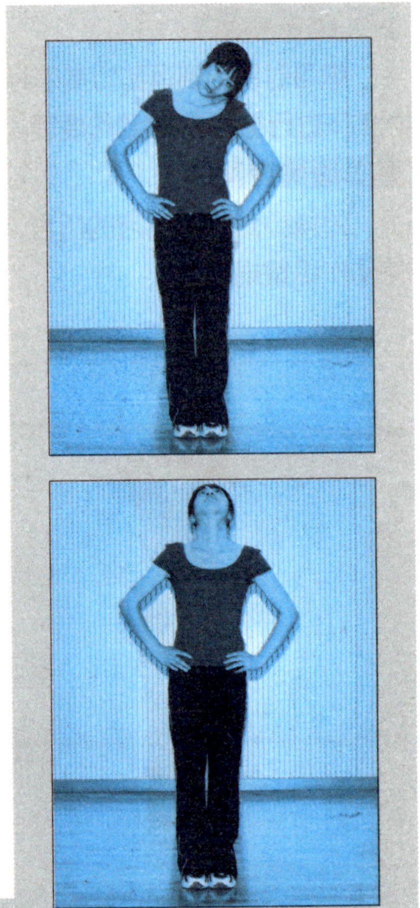

图 4–2–8

胸部动作

胸部动作是常用的有氧操动作，经常锻炼胸部可以增加胸部的力量，增加肌肉弹性，还可起到修塑形体的作用。胸部动作包括含胸、挺胸、移胸和扩胸等。

含胸

动作方法 见图 4-2-9

躯干正直，两肩内收，前顶，缩小胸腔。

技术要点

两肩向前，将肩胛骨充分展开，身体其他部位保持正常。

错误纠正

练习时易出现含胸动作不明显等问题。因此，应配合上肢动作进行练习。

伤害预防

为减少对胸部的伤害，应配合挺胸、扩胸动作同时练习，掌握好动作节奏，亦可与上肢动作配合，辅助发力，使动作清晰、规范。

图 4-2-9

挺胸(顶胸)

动作方法 见图 4-2-10

收腹，上体直立，两肩外展，扩大胸腔。

技术要点

两肩向后，胸部向前顶出，收紧肩胛骨，身体其他部位保持正常。

错误纠正

练习时易出现髋部随胸部一起移动等问题。因此，应尽量控制髋部。

伤害预防

为减少对胸部的伤害，应配合含胸、扩胸动作同时练习，掌握好动作节奏，亦可与上肢动作配合，辅助发力，使动作清晰、规范。

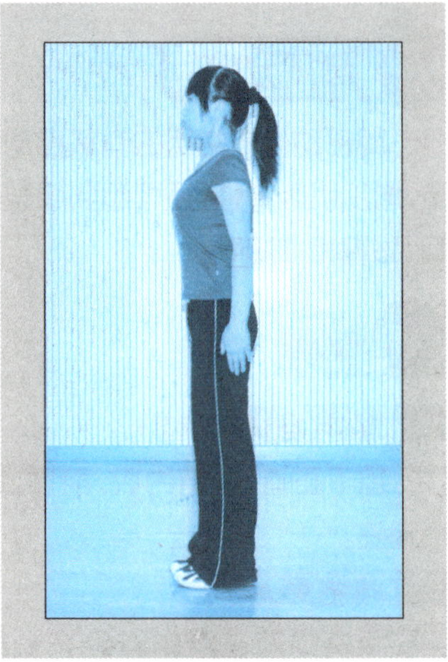

图 4–2–10

移胸

动作方法

见图 4–2–11

以躯干部为轴，髋部固定，做胸部向左或向右的水平移动。

技术要点

胸部向左（右）水平顶出，身体其他位部保持正常。

错误纠正

练习时易出现髋部随胸部移动等问题。因此，应控制髋部。

伤害预防

为减少对胸部的伤害，应配合含胸、扩胸动作同时练习，掌握好动作节奏，亦可与上肢动作配合，辅助发力，使动作清晰、规范。

图 4–2–11

扩胸

动作方法 见图 4—2—12

屈臂侧平举，上臂带动肩关节,做胸部前后的振动。

技术要点

胸部向前、向后做连续的振动。

错误纠正

练习时易出现腰部随胸部移动等问题。因此,应保持胸部、肩部放松,收紧腰部。

伤害预防

为减少对胸部的伤害,应配合含胸、挺胸动作同时练习,掌握好动作节奏，亦可与上肢动作配合,辅助发力,使动作清晰、规范。

图 4—2—12

髋部动作

髋部动作是目前十分流行的有氧操技术动作,是以髋部为主要活动部位的运动。髋部动作的运用,使得有氧操的动作更具有观赏性。同时,髋部动作又有独特的锻炼效果,对于腹部减脂,腰、腹肌肉力量的增强具有重要作用。髋部动作包括侧斜胯、上提胯、侧点胯和水平圆胯等。

侧斜胯

动作方法 见图 4–2–13

身体保持不变，由髋关节向体侧倾斜。

技术要点

（1）髋部向左、向右倾斜时，两腿原地不动；

（2）根据练习者的情况决定动作幅度的大小。

错误纠正

练习时易出现胸部随髋部一起晃动等问题。因此，应尽量控制胸部。

伤害预防

为减少对腰部的伤害，应做好腰部的热身，掌握好动作节奏。

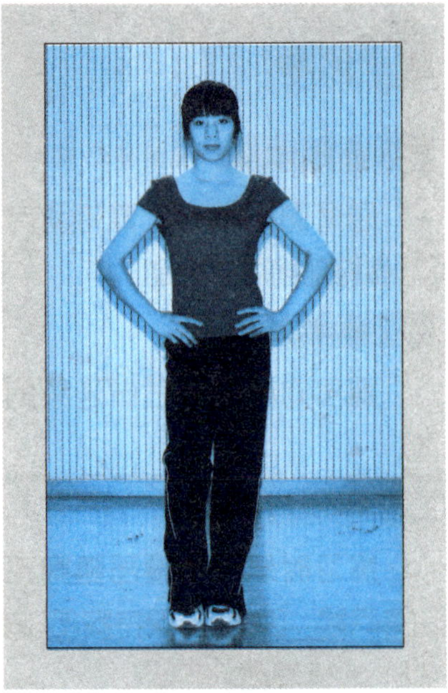

图 4–2–13

上提胯

动作方法 见图 4–2–14

两腿站立，腿略弯曲，一侧脚跟略抬起，使髋关节上提。

技术要点

（1）在髋部运动的同时，注意脚跟用力；

（2）根据练习者的情况决定动作幅度的大小。

图 4–2–14

错误纠正

练习时易出现腰部随髋部一起晃动等问题。因此，应尽量控制腰部。

伤害预防

为减少对腰部的伤害，应做好腰部的热身，掌握好动作节奏。

侧点胯

动作方法

见图 4—2—15

两腿站立，腿略弯曲，一侧脚迈出，同时向同侧点胯。

技术要点

动作幅度要适中，音乐与脚步的动作配合要协调。

错误纠正

练习时易出现脚步与髋部动作脱节等问题。因此，应注意脚步与髋部的动作连接。

伤害预防

为减少对腰部的伤害，应做好腰部的热身，掌握好动作节奏。

图 4—2—15

水平圆胯

动作方法 见图 4—2—16

两腿站立，腿略弯曲，髋部在水平面转，按照前、左、后、右的顺序转一圈。

技术要点

髋部水平转动，动作幅度要适中。

错误纠正

练习时易出现髋部转动脱节、身体晃动等问题。因此，应注意动作幅度适当。

伤害预防

为减少对腰部的伤害，应做好腰部的热身，掌握好动作节奏。

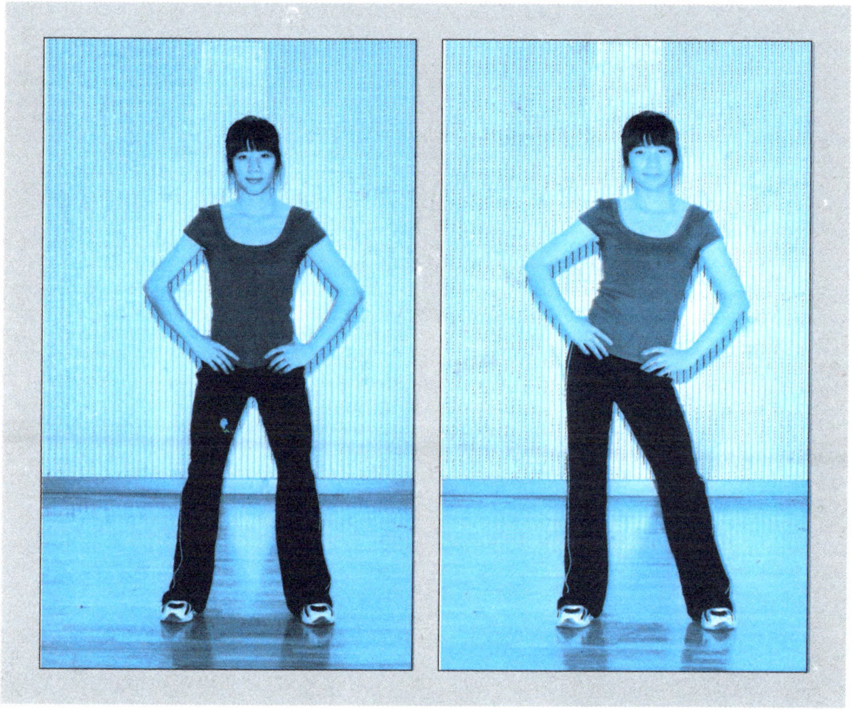

图 4-2-16

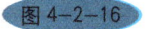

第五章 成套动作

有氧操的成套动作是由若干个基本动作组成，配合音乐完成的富有动感和韵律的动作。有氧操的成套动作具有组合形式多样，动作强度由小到大，动作连续不断、重复次数多、持续时间长等特点。本章将介绍三套有氧操成套动作。

第一节
成套综合动作

练习成套综合动作，是在练习者具有一定的有氧操基本步法、基本动作的基础上，通过动作的组合，实现动作由慢到快、由一拍一动到一拍多动、由中小强度变较大强度、由热身到结束等一系列的动作过程。下面介绍的有氧健身操成套动作练习简单、实用，动作组合活泼，富有活力，难度上由简到繁，可以使练习者快速有效地掌握。

第一组

第一组动作从上肢与躯干的拉伸动作开始，动作由慢到快，幅度由小到大，很好地反映出有氧操成套动作开始部分的动作特点，对于练习者学习和掌握动作及动作节奏，避免运动伤害有着积极的作用。

动作方法 见图 5–1–1

（1）预备姿势：两脚分开站立，略比肩宽，重心落在两腿之间。

（2）第一个 8 拍：头向左屈，左手经头上扶于头的右侧，右手手臂放松，自然放于体侧，拉伸颈部肌肉，保持八个节拍。

（3）第二个 8 拍：与第一个 8 拍动作相同。

（4）第三个 8 拍：头向右屈，右手经头上扶于头的左侧，左手手臂放松，自然放于体侧，拉伸颈部肌肉，保持八个节拍。

（5）第四个 8 拍：与第三个 8 拍动作相同。

（6）第五个 8 拍：头前屈，手臂前屈，两手叠放，置于头的后侧，保持八个节拍。

（7）第六个 8 拍：与第五个 8 拍动作相同。

（8）第七个 8 拍：头后屈，两手体前手指交叉叠放，反掌掌心向前下方，两臂前举与地面呈45度角，保持八个节拍。

(9)第八个8拍：与第七个8拍动作相同。

(10)第九个8拍：1～2拍两腿有节奏地屈膝弹动，两臂自然下垂置于体侧，肩关节向上、向后、向下、向前做绕的动作；3～8拍与1～2拍动作相同。

(11)第十个8拍：与第九个8拍动作相同。

(12)第十一个8拍：1～2拍两腿有节奏地屈膝弹动，两臂自然下垂置于体侧，肩关节向前、向下、向后、向上做绕的动作；3～8拍与1～2拍动作相同。

(13)第十二个8拍：与第十一个8拍动作相同。

(14)第十三个8拍：1～2拍下肢经半蹲将重心移动至左腿，右手直臂经前、经上、经后以肩为轴绕环；3～4拍左手直臂经前、经上、经后以肩为轴绕环；5～8拍与1～4拍动作相同。

(15)第十四个8拍：与第十三个8拍动作相同。

(16)第十五个8拍：1～2拍下肢经半蹲将重心移动至左腿，右手直臂经后、经上、经前以肩为轴绕环；3～4拍左手直臂经后、经上、经前以肩为轴绕环；5～6拍与1～2拍动作相同；7～8拍与3～4拍动作相同。

(17)第十六个8拍：与第十五个8拍动作相同。

(18)第十七个8拍：1拍两手手指交叉叠放，翻掌，掌心向前，经体前伸出至平举并步站立，左脚提踵，脚尖点地，重心落于右脚；2拍右脚提踵，脚尖点地，左脚全脚掌着地，重心落于左脚，形成左右脚交替配合的提踵动作；3～8拍与1～2拍动作相同。

(19)第十八个8拍：上肢、下肢动作同上一节拍，头前屈，保持8个节拍后抬头。

(20)第十九个8拍：1～4拍下肢动作不变，手臂向左转至体侧；5～8拍头转正，左手手臂前屈，呈90度，前臂与地面垂直，掌心向内，右手身体左侧平举，手臂与地面平行，置于左手肘关节弯曲处，掌心向下。

(21)第二十个8拍：1～4下肢动作不变，手臂向右转至体前平举，手指交叉叠放，翻掌，掌心向前；5～8 手臂向右转至体侧。

(22)第二十一个 8 拍：1～4 拍头转正，右手手臂前屈，上臂与地面平行，掌心向内，左臂于身体右侧平举，手臂与地面平行，掌心向内，置于右手肘关节弯曲处；5～8 拍手指交叉叠放，向左转至前平举，翻掌，掌心向前。

技术要点

第一组动作为热身动作，动作缓慢，要求协调自然，配合音乐有节奏地将动作在规定的节拍内完成后，自然地过渡到下一动作组合中，手脚要配合得当。

错误纠正

练习时易出现手脚配合不协调、动作不到位等问题。因此，应先练习脚步动作，再练习手臂动作，熟练以后再进行协调配合练习。

伤害预防

为减少对身体各关节和肌肉的伤害，动作幅度应由静到动、由慢到快，由拉伸动作开始，单个动作持续做多个节拍后，再转换为下一动作。

预备姿势

第一个 8 拍

第三个 8 拍　　第五个 8 拍

第七个 8 拍

第九个 8 拍

第十一个 8 拍

第十三个 8 拍

第十五个 8 拍

第十七个 8 拍

第十八个 8 拍

第十九个 8 拍

第二十个 8 拍

第二十一个 8 拍

图 5-1-1

第二组

该组动作为下肢步法与上肢动作的组合动作，在动作的设计中多从脚下步法开始，再过渡到配合上肢和躯干的动作，循序渐进，有利于初学者快速学习和熟练掌握。

动作方法 见图 5-1-2

（1）第一个 8 拍：1～2 拍两脚开立，手臂自然垂于体侧，两腿膝关节弯曲，经半蹲将重心移至左脚，右脚脚尖轻点地面呈侧点步；3～4 拍与 1～2 拍动作相同，方向相反；5～8 拍与 1～4 拍动作相同，方向相反。

（2）第二个 8 拍：与第一个 8 拍动作相同。

（3）第三个 8 拍：1 拍屈膝半蹲时两手握拳，手臂以肘关节为轴前屈；2 拍重心移至左脚，呈侧点步，手臂以肘关节为轴下摆至体侧；3 拍与 1 拍动作相同；4 拍与 2 拍动作相同，方向相反；5～8 拍重复 1～4 拍动作至第三个 8 拍结束。

(4)第四个 8 拍：与第三个 8 拍动作相同。

(5)第五个 8 拍：1～4 拍左脚开始走“V”字步；5～8 拍动作与 1～4 拍动作相同。

(6)第六个 8 拍：与第五个 8 拍动作相同。

(7)第七个 8 拍：1 拍下肢动作不变，手臂经体侧伸出至侧平举，掌心向下；2 拍手臂经体侧上摆，屈肘，两手叠放置于头后；3 拍手臂下摆至侧平举；4 拍握拳，曲肘，前臂外旋下摆至体侧，掌心朝上；5～8 拍与 1～4 拍动作相同。

(8)第八个 8 拍：1～2 拍两腿膝关节弯曲，经半蹲将重心移至左脚，右腿以膝关节为轴后屈；3～4 拍两腿膝关节弯曲，经半蹲将重心移至右脚，左腿以膝关节为轴后屈；5～8 拍与 1～4 拍动作相同。

(9)第九个 8 拍：与第八个 8 拍动作相同。

(10)第十个 8 拍：1 拍将重心移至右脚，左腿以膝关节为轴后屈，同时手臂屈臂向身体两侧扩胸，呈屈臂侧平举；2 拍屈膝呈半蹲，两手握拳，拳心向下，屈臂胸前交叉，与地面平行；3 拍将重心移至左脚，右腿以膝关节为轴后屈，同时手臂屈臂向身体两侧扩胸，呈屈臂侧平举；4 拍屈膝呈半蹲，两手握拳，拳心向下，屈臂胸前交叉，与地面平行；5～8 拍与 1～4 拍动作相同。

(11)第十一个 8 拍：与第十个 8 拍动作相同。

(12)第十二个 8 拍：上体前屈至与地面呈 45 度，1 拍重心移至左脚，右腿以膝关节为轴后屈，同时前臂以肘关节为轴向下打开，置于体侧；2 拍屈膝呈半蹲，上肢以肘关节为轴，在胸前做屈臂动作，上臂与地面垂直；3 拍重心移至右脚，左腿以膝关节为轴后屈，同时前臂以肘关节为轴向下打开，置于体侧；4 拍屈膝呈半蹲，上肢以肘关节为轴，在胸前做屈臂动作，上臂与地面垂直；5～8 拍与 1～4 拍动作相同。

(13)第十三个 8 拍：与第十二个 8 拍动作相同。

(14)第十四个 8 拍：1 拍两腿开立与肩同宽，右脚支撑，全脚掌着地，左脚脚尖外展、点地，配合髋部动作；2 拍右脚蹬地腾空瞬间转换成左脚支撑，右脚脚尖点地，外展动作，形成左右脚交换，摆髋动作；3～8拍与1～2拍动作相同。

(15)第十五个8拍：1拍右脚支撑，左脚外展，重心落于右脚，左臂以肘关节为轴前摆；2拍交换重心至左脚支撑，右脚外展，右臂以肘关节为轴前摆；3～8拍与1～2拍动作相同。

(16)第十六个8拍：1～2拍右脚蹬地，腾空后重心移至左脚，左脚前脚掌着地，右脚脚尖于左脚内侧轻点地面；3～4拍左脚蹬地，腾空后重心移至右脚，右脚前脚掌着地，左脚脚尖于右脚内侧轻点地面；5～8拍与1～4拍动作相同。

(17)第十七个8拍：1～2拍右脚蹬地，腾空后重心移至左脚，左脚前脚掌着地，右脚脚尖于左脚内侧轻点地面，两臂屈臂叠放平举；3～4拍左脚蹬地，腾空后重心移至右脚，右脚前脚掌着地，左脚脚尖于右脚内侧轻点地面，两臂以肩关节为轴，打开后振；5～8拍与1～4拍动作相同。

技术要点

(1)下肢动作清晰准确，重心转换顺畅，上肢动作轻盈动感；

(2)上下肢协调配合，上肢要有力量控制，动作到位，力量适中。

错误纠正

练习时易出现上步不顺畅，上下肢不协调，动作不到位等问题。因此，应先以脚步练习为主，再练习手臂动作，熟练以后再上下肢配合练习。

伤害预防

为减少对身体各关节和肌肉的伤害，练习时动作幅度要适中，逐渐加大运动强度，循序渐进增加动作的力度，从多拍一动逐步过渡到一拍多动。

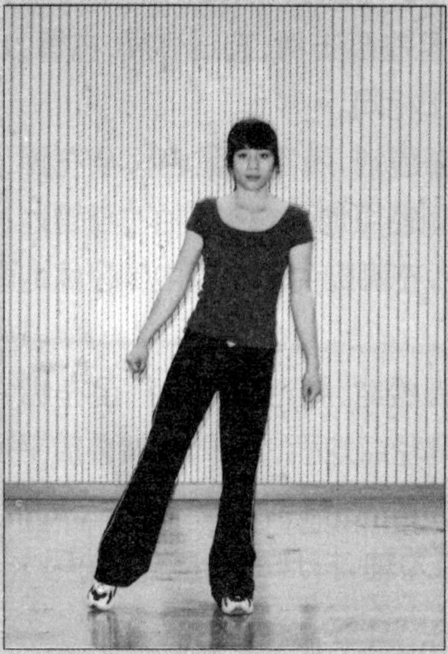

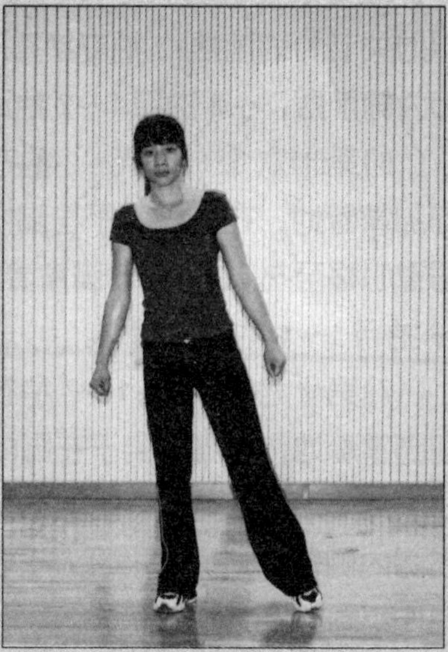

第一个 8 拍

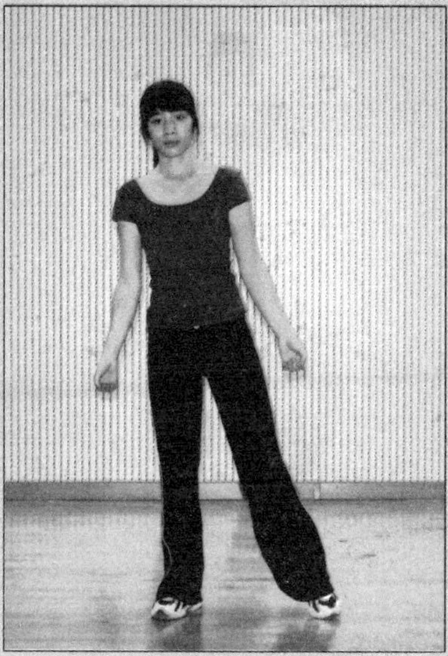

第三个 8 拍

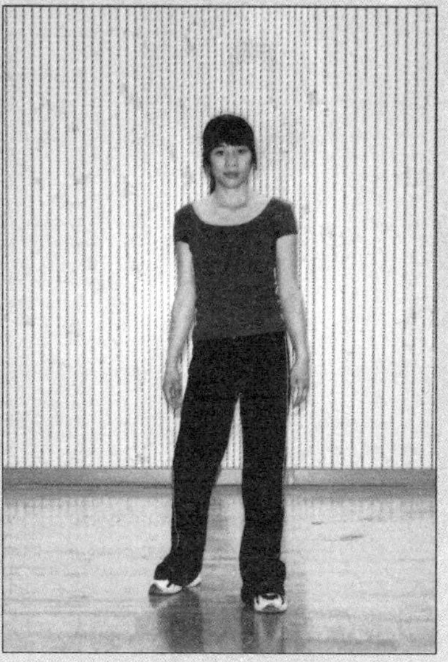

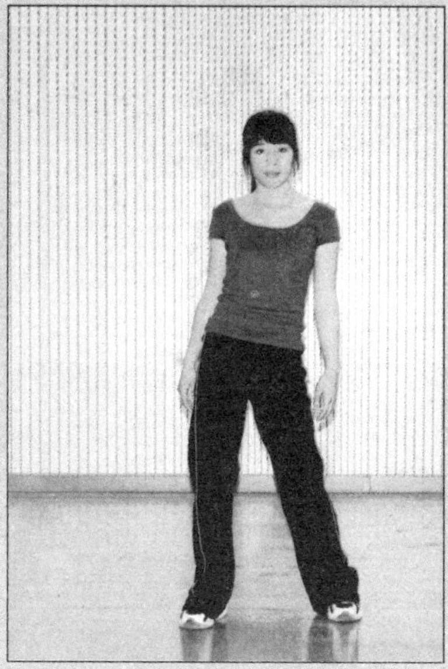

第五个 8 拍

第七个 8 拍

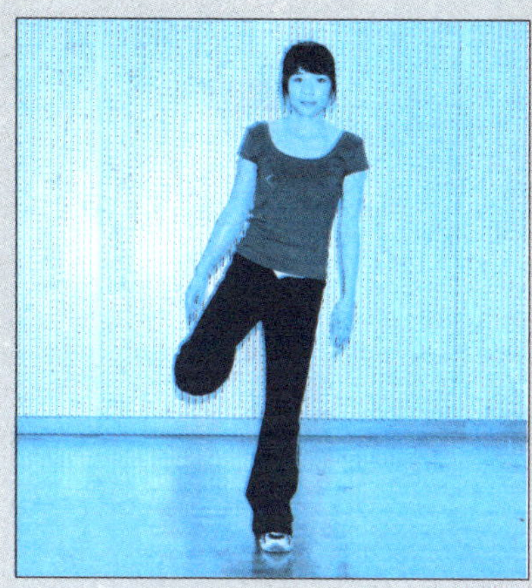

第八个8拍

第十个 8 拍

第十二个 8 拍

第十四个 8 拍

第十五个 8 拍

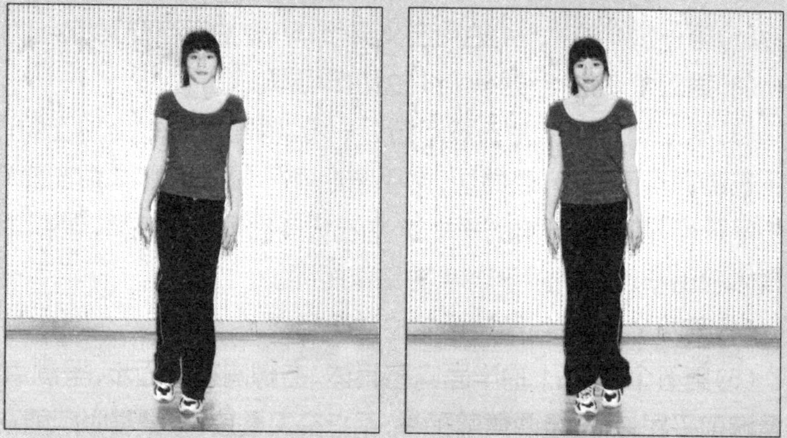

第十六个 8 拍

第十七个 8 拍

图 5-1-2

第三组

第三组动作是伴随多次转体、转身的动作，在动作方向上表现出灵活多变的特点，同时最后的几个 8 拍为两组拉伸动作的动作组合，充分反映出拉伸动作在有氧操运动中的应用。

动作方法 见图 5-1-3

(1)第一个 8 拍:1～4 拍向左交叉步;5～8 拍向右交叉步。

(2)第二个 8 拍:与第一个 8 拍动作相同。

(3)第三个 8 拍:1 拍右脚向右迈一步,两臂侧平举;2 拍左脚迈步置于右脚后呈交叉步,前臂屈,两手掌心向外置于头侧;3 拍右脚向右迈步呈开步,前臂打开呈侧平举;4 拍左脚向右迈步呈并步,虚点地面,两臂体前击掌;5～8 拍与 1～4 拍动作相同。

(4)第四个 8 拍:与第三个 8 拍动作相同。

(5)第五个 8 拍:1 拍半面向右转体,右脚向右侧迈步,呈侧点步,两臂胸前平屈,外推至两臂前平举,手指交叉叠放,翻掌掌心向前;2 拍右脚向左迈步收于左脚内侧,脚尖点地,两臂由前平举收回呈胸前平屈；3 拍左脚向右侧迈步，呈侧点步，两臂扩胸后振；4 拍左脚向右迈步收于右脚内侧，脚尖点地，两臂胸前平屈；5～8 拍与 1～4 拍动作相同。

(6)第六个 8 拍：半面向左转体，与第五个 8 拍动作相同，方向相反。

(7)第七个 8 拍：与第五个 8 拍动作相同。

(8)第八个 8 拍：与第六个 8 拍动作相同。

(9)第九个 8 拍：1～2 拍右脚向前迈一步呈右弓步，收腹、挺胸、抬头，两手叉腰；3～8 拍保持此动作不变，弓步下压，拉伸腿部韧带到 8 个节拍结束。

(10)第十个 8 拍：1～2 拍重心后移至左脚，右腿伸直，上体前倾，两手叠放至左腿大腿根部，上体下压拉伸腿部肌肉；3～4 拍上体下压后迅速抬起，呈短促的振动；5～8 拍与 3～4 拍动作相同。

(11)第十一个 8 拍：两脚左右开立略比肩宽，上体前倾与地面平行，两手叉腰，拉伸大腿韧带，保持 8 个节拍。

(12)第十二个 8 拍：两手撑地，体前屈保持 8 个节拍。

(13)结束姿势：并步站立，收腹、挺胸、抬头，两臂侧平举，调整呼吸。

技术要点

(1)下肢动作清晰准确，重心转换顺畅，上肢动作轻盈动感；

(2)上下肢协调配合，上肢要有力量控制，动作到位，力量适中。

错误纠正

练习时易出现上步不顺畅、上下肢不协调、动作不到位等问题。因此，应先以脚步练习为主，再练习手臂动作，熟练以后再上下肢配合练习。

伤害预防

为减少对身体各关节和肌肉的伤害，练习时动作幅度要适中，逐渐加大运动强度，循序渐进地增加动作的力度，从多拍一动，过渡到一拍多动，最后再过渡到拉伸动作，同时注意运动后的整理放松活动。

第一个 8 拍

第三个8拍

第五个8拍

第六个 8 拍

第九个 8 拍

第十个 8 拍

第十一个 8 拍

第十二个 8 拍

结束姿势

图 5—1—3

第二节
步法成套动作练习

下面介绍的有氧操是主要以步法的变化，配合上肢和躯干的动作编排的成套动作，动作涵盖重心转换、半蹲、十字步、侧点步、原地跑步、跳等动作，使练习者在达到锻炼效果的同时，也了解和掌握脚步动作在有氧操成套动作中的应用。

第一组

该组动作从动态的拉伸动作开始，从重心的转换、半蹲等无冲击动作逐渐过渡到跑步、跳跃等高冲击动作，动作简单易学，具有很好的锻炼效果。

动作方法 见图 5—2—1

(1)预备姿势：并步站立，收腹、挺胸、抬头，两臂自然下垂于体侧。

（2）第一个 8 拍：1～4 拍左右脚交替提踵，重心左右交替，两臂经体侧上摆至上举；5～8 拍左右脚交替提踵，重心左右交替，手指交叉叠放，翻掌，掌心向上。

（3）第二个 8 拍：1～4 拍下肢动作与第一个 8 拍相同，上体向左侧屈；5～8 拍上体经直立后向右侧屈。

（4）第三个 8 拍：1～2 拍左脚向前迈一步，重心落在两腿之间呈前弓步，右臂胸前平屈，左臂后摆；3～4 拍左脚快速收回，右脚向前迈一步，重心落在两腿之间呈前弓步，左臂胸前平屈，右臂后摆；5～8 拍与 1～4 拍动作相同。

（5）第四个 8 拍：1 拍伴随膝关节的弹动，左脚向右前方迈一小步，重心前移；2 拍右脚向左前方迈步；3 拍左脚向后退一步；4 拍右脚紧跟左脚呈小开步，手臂自然下垂于体侧；5～8 拍与 1～4 拍动作相同。

（6）第五个 8 拍：与第四个 8拍动作相同。

（7）第六个 8 拍：1 拍伴随膝关节的弹动，左脚向右前方迈一小步，重心前移，抬头、挺胸、收腹，两臂头后屈肘，肘关节高于肩关节；2 拍右脚向左前方迈步，两臂内收，

预备姿势

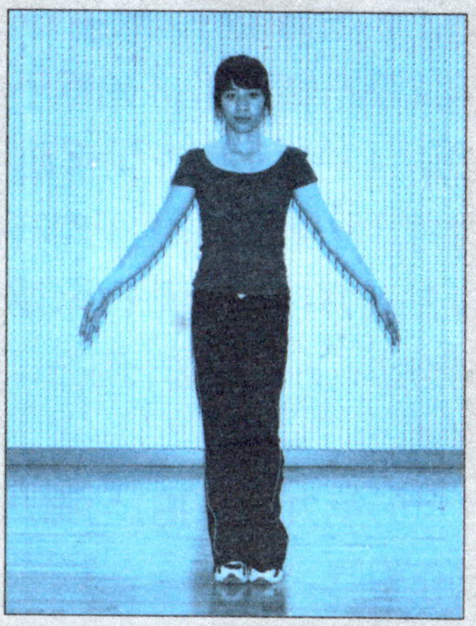

做夹的动作;3 拍左脚向后退一步,两臂外展呈头后屈;4 拍右脚紧跟左脚后退呈小开步,两臂屈肘收于体侧;5～8 拍与 1～4 拍动作相同。

(8)第七个 8 拍:与第六个 8 拍动作相同。

(9)第八个 8 拍:1 拍两腿开立略比肩宽,左臂屈肘,肘关节外展,左手扶于左侧腹部,右臂自然伸于体侧;2 拍右臂屈肘,肘关节外展,右手扶于右侧腹部;3 拍躯干向右侧移动;4 拍躯干向左侧移动;5 拍右臂打开呈侧平举,躯干向右侧移动;6 拍左臂打开呈侧平举,躯干向左侧移动;7～8 拍躯干向右、向左侧移动。

(10)第九个 8 拍:与第八个 8 拍动作相同。

(11)第十个 8 拍:1～2 拍左脚蹬地起跳,右脚向体侧伸出呈侧点步,两臂侧平举,握拳;3～4 拍右脚蹬地起跳后收腿落地,左脚快速向体侧伸出呈侧点步;5～8 拍与 1～4 拍动作相同。

(12)第十一个 8 拍:1～2 拍左脚撑地,右脚点地呈侧点步,左臂胸前平屈,右臂侧平举,握拳;3～4 拍右脚撑地,左脚点地呈侧点步,右臂胸前平屈,左臂侧平举;5～8

第一个 8 拍

拍与 1～4 拍动作相同。

（13）第十二个 8 拍：1 拍左脚撑地，右腿以膝关节为轴做后屈的跑步动作，两手握拳，两臂经体前快速上摆至头上；2 拍右脚撑地，左腿以膝关节为轴做后屈的跑步动作，两臂下摆，同时前臂外旋，屈肘收于体侧；3～8 拍与 1～2 拍动作相同。

（14）第十三个 8 拍：与第十二个 8 拍动作相同。

（15）第十四个 8 拍：1 拍右脚撑地，左腿以膝关节为轴做后屈的跑步动作，两手握拳，两臂上举；2 拍左脚撑地，右腿以膝关节为轴做后屈的跑步动作，两臂向下屈，肘下拉；3～8 拍与 1～2 拍动作相同。

（16）第十五个 8 拍：与第十四个 8 拍动作相同。

（17）第十六个 8 拍：1 拍上体保持正直，两脚蹬地略起跳后向右转体、转髋，左脚落地，右脚虚点地于左脚内侧，左臂胸前平屈，掌心向下，右臂侧平举，掌心向下；2 拍上体保持正直，左脚蹬地略起跳后向左转体、转髋，右脚落地，左脚虚点地于右脚内侧，右臂胸前平屈，左臂侧平举。

（18）第十七个 8 拍：与第十六个 8 拍动作相同。

第二个 8 拍

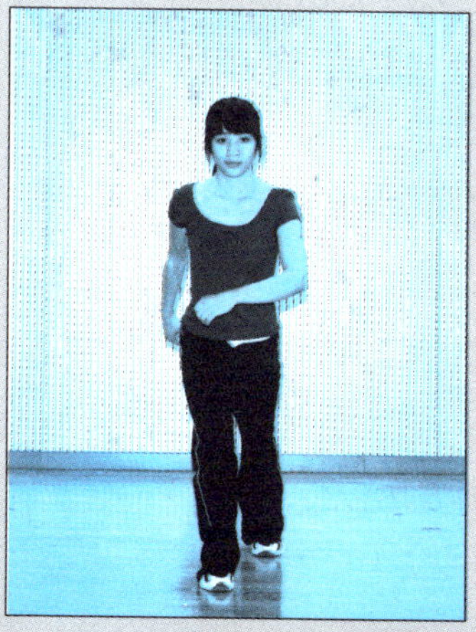

第三个 8 拍

（19）第十八个 8 拍：1 拍并步直腿向上起跳，左臂略屈肘，经体侧向上用力摆至头上，再快速下摆，屈肘置于体侧；2 拍并步直腿向上起跳，换右臂做；3 拍并步直腿向上起跳，两臂经体侧上摆至头上，再快速下摆，屈肘置于体侧；4 拍与 3 拍动作相同；5～8 拍与 1～4 拍动作相同。

（20）第十九个 8 拍：与第十八个 8 拍动作相同。

技术要点

（1）下肢动作重心转换顺畅，上肢动作轻盈动感；

（2）上下肢协调配合，上肢要有力量控制，动作到位，力量适中。

错误纠正

练习时易出现上步不顺畅，上下肢不协调，动作不到位等问题。因此，应先以脚步练习为主，再练习手臂动作，熟练以后再上下肢配合练习。

伤害预防

为减少对身体各关节和肌肉的伤害，练习时动作幅度要适中，逐渐加大运动强度，循序渐进增加动作的用力。

第四个 8 拍

第六个 8 拍

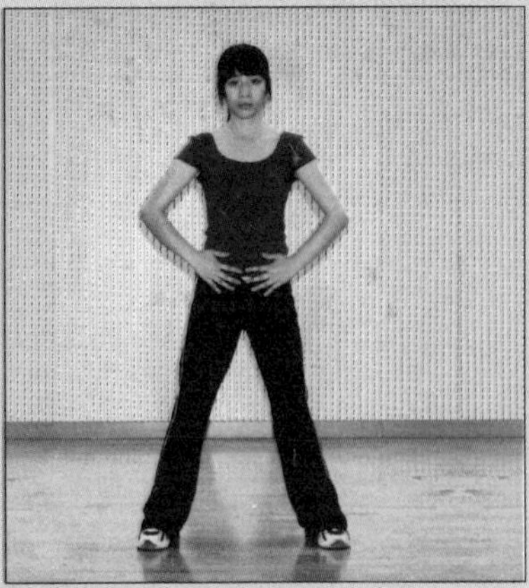

第八个8拍

第十个8拍

第十一个8拍

第十二个 8 拍

第十四个 8 拍

第十六个 8 拍

第十八个 8 拍

图 5-2-1

第二组

该组动作的前半部分是一组脚步动作，动作的节奏既有一拍一动，也有两拍一动，节奏的变化对于练习者理解和掌握有氧操的动作特点很有帮助；在该组动作的后半部分则为一组拉伸动作，是整套动作的结束部分，对于增加肌肉力量、弹性和延展性很有帮助，同时有利于消除练习者运动疲劳。

动作方法 见图 5-2-2

(1)第一个 8 拍：原地踏步，调整呼吸。

(2)第二个 8 拍：1～2 拍两手叉腰，左脚脚尖体前点地后迅速收回；3～4 拍右脚脚尖体前点地后迅速收回；5～6 拍左脚向左侧伸出呈侧点步后呈并步站立；7～8 拍右脚向右侧伸出呈侧点步后呈并步站立。

(3)第三个 8 拍：1～2 拍两手叉腰，左脚向前迈步，同时向右转体 90 度呈半蹲；3～4 拍左脚收回呈并步站立；5～6 拍右脚向前迈步，同时向左转体 90 度呈半蹲；7～8 拍右脚收回呈并步站立。

(4)第四个 8 拍：1～2 拍左腿提膝，体前吸腿后收回呈并步站立；3～4 拍右腿提膝，体前吸腿后收回呈并步站立；5～6 拍左腿提膝，体侧吸腿后收回呈并步站立；7～8 拍右腿提膝，体侧吸腿后收回呈并步站立。

(5)第五个 8 拍:1 拍上体正直,下肢经半蹲重心左移,髋部向左侧摆动,左臂屈肘摆臂,右臂自然向下随摆,置于腰后;2 拍下肢经半蹲重心右移,髋部向右侧摆动,右臂屈肘向体侧摆臂,左臂自然向下随摆,置于腰后;3~8 拍动作重复 1~2 拍动作至第五个 8 拍结束。

(6)第六个 8 拍:与第五个 8拍动作相同。

(7)第七个 8 拍:1~2 拍两腿开立略比肩宽,脚尖外展 45 度屈膝半蹲,两手扶于膝盖上方;3~4 拍膝关节呈开立状态;5~8 拍与 1~4 拍动作相同。

(8)第八个 8 拍:1~4 拍屈膝半蹲,两手扶于膝盖上方,右肩向左前方探出,振两次,上体略转;5~8 拍与 1~4 拍动作相同,方向相反。

(9)第九个 8 拍:1~4 拍左手叉腰,右手上举,上体左屈;5~8 拍翻掌,掌心向内,转头,转体至躯干与地面平行。

(10)第十个 8 拍:1~4 拍两手扶于左脚脚面,上体左前屈至贴住左腿;5~8 拍向右转体至体前屈,两手扶地。

(11)第十一个 8 拍:1~4 拍右手叉腰,左手上举,上体右屈;5~8

第一个 8 拍

拍翻掌，掌心向上，转头，转体至躯干与地面平行。

(12)第十二个8拍：1～4拍两手扶于右脚脚面，上体右前屈至贴住右腿；5～8拍向左转体至体前屈，两手扶地。

(13)第十三个8拍：1～2拍右腿屈腿，小腿与地面平行，绷脚尖，置于左腿大腿上，左腿弯曲半蹲，上体略前倾，抬头；3～8拍与1～2拍动作相同。

(14)第十四个8拍：与第十三个8拍动作相同，方向相反。

(15)结束动作：分腿站立，调整呼吸。

技术要点

髋部动作摆动自然；屈体拉伸动作伸展，膝盖绷直；单脚支撑重心要稳。

错误纠正

髋部摆动时易出现躯干不协调、动作僵硬等问题。因此，应通过手臂动作辅助练习，屈体下压拉伸时将膝关节绷直。

伤害预防

为减少对身体各关节和肌肉的伤害，练习时应逐渐加大动作幅度，避免拉伤，同时注意运动后的整理放松活动。

第二个 8 拍

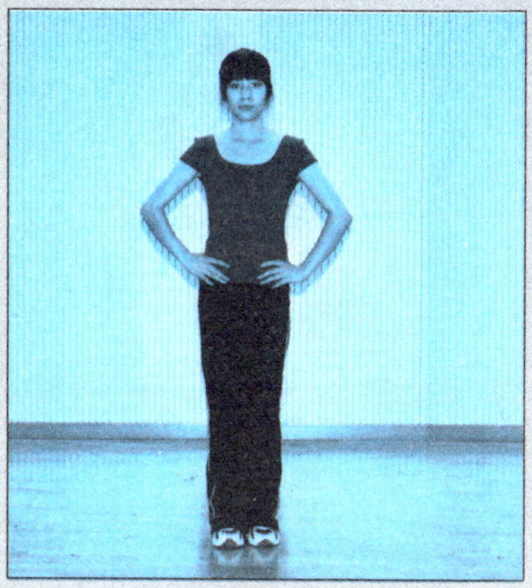

第三个 8 拍

第四个 8 拍

第五个 8 拍

第七个 8 拍

第八个 8 拍

第九个 8 拍

第十个 8 拍

第十一个 8 拍

第十二个 8 拍

第十三个 8 拍

第十四个 8 拍

结束动作

图 5–2–2

第三节

有氧操拉伸动作练习

下面介绍的成套动作，是以身体各部位的拉伸动作为主编排的动作组合，练习者可以在音乐的配合下，通过各种拉伸动作以及拉伸动作的缓慢转换，达到锻炼身体、塑造形体等目的。

动作方法 见图 5-3-1

(1)预备姿势：盘坐在地板上，上体正直，立腰、挺胸、收腹，手臂在身体两侧斜下举。

(2)第一个 8 拍：1～4 拍两臂经体侧直臂上举至头上，屈肘抱住肘关节；5～8 拍上体左屈，抻拉右侧腰部背部肌肉。

(3)第二个 8 拍：1～4 拍上体正直，保持 4 个拍节；5～8 拍上体右屈，抻拉左侧腰部背部肌肉。

(4)第三个 8 拍：1～2 拍上体正直，立腰、挺胸、收腹，手臂自然撑于身体两侧，做以肩关节为轴向前的绕环；3～8 拍与 1～2 拍动作相同。

(5) 第四个 8 拍：1～2 拍做以肩关节为轴向后的绕环；3～8 拍与 1～2 拍动作相同。

(6)第五个 8 拍：上体前屈至与地板平行，两臂屈肘，置于头前，按在地板上。

(7)第六个 8 拍：1～2 拍小腿叠放，膝关节与手掌撑住地板，呈俯卧撑姿态，立腰、收腹、抬头，两臂向下屈肘；3～4 拍顶肘；5～8 拍与 1～4 拍动作相同。

(8)第七个 8 拍：1～2 拍仰卧平躺，屈膝，两脚撑地，两臂屈肘，两手叠放置于头后，收腹、含胸，做仰

预备姿势

第一个 8 拍

卧起坐；3～4 拍腹部放松，呈仰卧平躺姿势；5～8 拍与 1～4 拍动作相同。

（9）第八个 8 拍：1～2 两腿并拢，屈膝呈左侧仰卧，右手屈肘置于头后，左手掌心向上，置于体侧，与身体呈 45 度夹角，收腹、含胸，做右侧腹肌仰卧起坐；3～4 拍腹部放松，呈仰卧平躺姿势；5～8 拍与 1～4 拍动作相同。

（10）第九个 8 拍：与第八个 8 拍动作相同，做左侧腹肌的仰卧起坐动作。

（11）第十个 8 拍：1～2 拍仰卧平躺，屈膝，两脚撑地，两臂屈肘自然放于体侧，掌心向下，立腰、顶髋、收腹，呈肩背部和两脚支撑的动作；3～4 拍腰腹放松；5～8 拍与 1～4 拍动作相同。

（12）第十一个 8 拍：与第十个 8 拍动作相同。

（13）结束动作：盘坐在地板上，上体正直，立腰、挺胸、收腹，手臂自然放于身体两侧，直臂上摆吸气，下摆呼气。

技术要点

做拉伸动作时各部位要准确到位。

第二个 8 拍

第三个 8 拍

错误纠正

练习时易出现动作不到位、幅度小等问题。因此应循序渐进，平时加强身体柔韧性的练习。

伤害预防

为减少对韧带和肌肉的拉伤，应保持动作缓慢，循序渐进地加大力度和活动范围，可以在拉伸前通过跑步热身或安排在跳完一套有氧操后进行。

第四个 8 拍

第五个 8 拍

第六个8拍

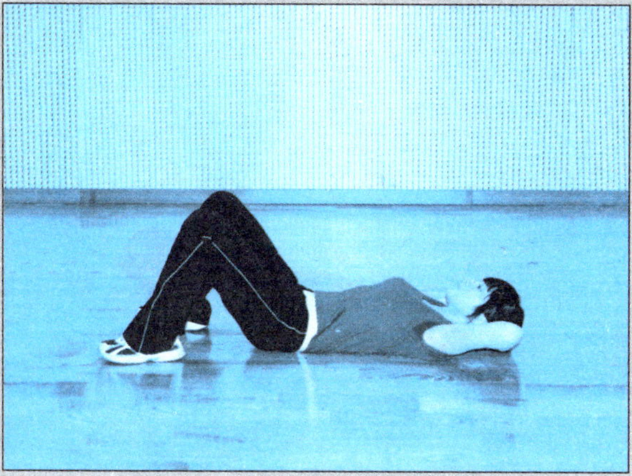

第七个 8 拍

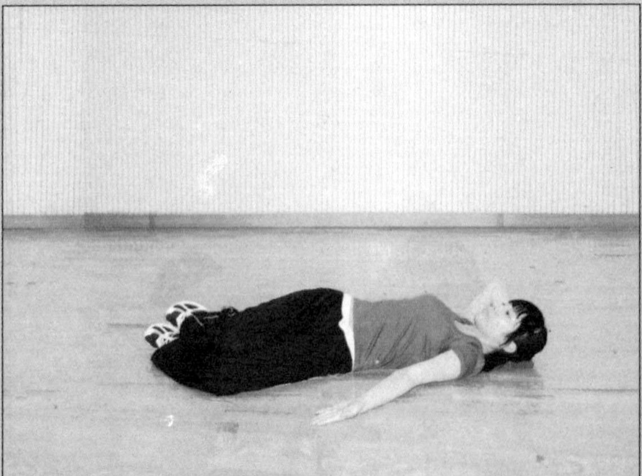

第八个 8 拍

第九个 8 拍

第十个 8 拍

结束动作

图 5-3-1